rororo

Zu diesem Buch

30 Wochen auf Platz 1 der österreichischen Bestsellerlisten!

Plötzlich hat man ihn wieder auf der Zunge, den herrlichen Geschmack der 3 Musketiers oder den von Sugus-Fruchtbonbons. Man sieht sich an den Tetraedertüten von Sunkist saugen mit Songs wie «Yes Sir, I can boogie» von Baccara im Ohr. Und wer erinnert sich nicht an die Helden der Kinder- und Vorabendserien: Barbapapa, Wickie und die starken Männer und Daktari. Dieses Buch löste eine wahre Nostalgiewelle aus.

«Wer 30 wird, den packen oft nostalgische Gefühle ... Brausepulver, Daktari, Wranglers mit Schlag, Prilblumen in der Küche ... die witzigsten Beiträge sind in diesem Band zusammengefaßt. Zum Schreien!»
online today

«Slime – das grüne Glibberzeug war in den 70ern Kinderkult. Einmal in die Haare geschmiert, war das Gekreische groß. Die heute 30jährigen stoßen beim Blättern in Wickie, Slime und Paiper ebenso Schreie aus, des Entsetzens und Entzückens.»
BOL.de, 5/99

«Das Buch wirkt auf den Leser wie ein erfrischender Jungbrunnen ... Ein Tip: Der Spaßfaktor läßt sich noch deutlich erhöhen, wenn man das Buch mit seinem Partner oder guten Freunden gemeinsam durchschmökert.»
amazon.de, 7/99

Susanne Pauser / Wolfgang Ritschl

Wickie, Slime und Paiper

Das Online-Erinnerungsalbum für die Kinder der siebziger Jahre

Rowohlt Taschenbuch Verlag

Lektorat Katrin Helmstedt

Veröffentlicht im Rowohlt Taschenbuch Verlag GmbH,
Reinbek bei Hamburg, Juni 2000

Umschlaggestaltung: Andreas Burghardt
(Umschlagabbildungen:
Karamellen: Manner Josef & Comp AG
Moon Boots: Quelle Katalog 1977 / 78
Paiper: Eskimo-Iglo
Prilblume: Henkel Austria
Puppenküche: Spielzeugkatalog vedes Hilpert «gutes Spielzeug»
Rollschuhe: Quelle Katalog 1977 / 78
Sunkist: Mautner Markhof AG
Wickie: © TaurusFilm GmbH, Abdruck mit freundlicher Genehmigung der
MM Merchandising München GmbH)
Satz Minion PostScript, QuarkXPress 4.0
Gesamtherstellung Clausen & Bosse, Leck
Printed in Germany
ISBN 3 499 61112 0

Inhalt

ne und Paipe

«Keine dieser ‹Mikro-Erinnerungen› ist wirklich von Bedeutung. Aber jeder teilt sie. Sie besiegeln eine Art heimliches Einverständnis und sind dessen kostbarste Signaturen.»

Georges Perec

VORWORT

«Wickie und die starken Männer» – lange nicht mehr gesehen? «Slime», diese glatte, zäh-klebrige Masse – schon lange nicht mehr zwischen den Fingern gespürt? Und «Paiper» – nie gehört? Paiper, das ist ein Eis-Kindertraum meiner Generation von Eskimo und entspricht in etwa dem in Deutschland als «Ed von Schleck» (in den Siebzigern als «Dingi») bekannten Langnese-Produkt. Mit dem Unterschied, daß es Ed von Schleck noch gibt, der österreichische Paiper aber seit einigen Jahren vom Markt verschwunden ist. Also gilt für uns in Österreich die Frage: Paiper – lange nicht mehr genossen? Kinder, wie die Zeit vergeht.

Dreißig werden heißt, zum ersten Mal alt werden – dieser Schicksalsschlag ereilt nach und nach jene Generation, die man als die «anderen 68er» bezeichnen könnte. Nämlich jene, die 1968 geboren wurden, sich in Planung befanden oder, als bereits realisiertes Projekt, Sandkisten und Gitterbetten bevölkerten.

Es gibt keinen Zweifel – mit dreißig ist man endgültig erwachsen und erwirbt damit zumindest das Recht, erstmals selber zurückzublicken. Meinen eigenen «Dreißiger» nahm ich zum Anlaß, noch einmal die alten Geschichten aus Kindertagen aufzuwärmen, bevor sie endgültig aus dem Gedächtnis kippen. Jene Dinge, die in der Kindheit und Jugend ganz besondere Begeisterung hervorrufen, hinterlassen im Gedächtnis eine plastische, ja sinnliche Erinnerung. Viele von uns wissen vielleicht nicht mehr genau, wie eine geliebte Süßigkeit geheißen hat, aber wir spüren noch den Geschmack und den Geruch, sehen die Farben vor uns und erinnern uns an das Gefühl, das diesen Genuß begleitete. Ungezählte Erlebnisse der Kindheit sind natürlich individuell – aber wir alle kannten und liebten Barbapapa, wir alle verehrten die tetraederförmigen Sunkist-Packungen und wir alle studierten jedes Frühjahr gründlich die Novitäten der Eskimo- bzw. Langnese-Eistafeln. Und das, während unsere Elterngeneration über die Modernisierung der Zweierbeziehung nachdachte, die Wohnzimmerböden mit weißen Flauschteppichen auslegte und sich über Währungskrisen und RAF-Terroristen den Kopf zerbrach. In der Welt der Erwachsenen passierten große kulturelle, wirtschaftliche, gesellschaftliche und politische Veränderungen, aber wir Kinder konzentrierten uns ganz auf die Sendezeiten der Sesamstraße und rechneten unser Taschengeld in Karamellen um.

Diese kollektiven Erinnerungen zu teilen, war meine Absicht, als ich im November 1997 im österreichischen Internet-Forum blackbox.net für meine Generation eine Online-Newsgroup eröffnete, die Produkte, Trends und den Zeitgeist der Siebziger und frühen Achtziger in den Mittelpunkt stellte. Während des ersten Jahres verzeichnete ich einen Eingang von mehreren tausend Zuschriften. Aus den vielen Anekdoten und Berichten entstand schließlich eine vierteilige Radiokolleg-Serie für den ORF Kultursender Ö1 sowie die Idee, unsere wertvollen Erinnerungen in Form eines Buches zu konservieren. So wurden die Mailbox-Teilnehmer zu den Autoren des vorliegenden Werkes. Einzelne Erinnerungsfragmente, verteilt auf mehrere dreißigjährige Gehirne, fügten sich immer wieder zu einem Ganzen zusammen. So konnten wir dank eines Puzzle-Effekts mit vereinten Kräften nicht nur in den Ganglien verschollene Namen und Produkte einander zuordnen, sondern zum Beispiel auch den «Wickie»-Titelsong und jenen von «Mein Onkel vom Mars» rekonstruieren. Einen Flashback-Effekt bewirkten plötzlich auftauchende Bilder im Kopf, und für Sekunden stand man wieder im Kinderzimmer, in einer Sichthöhe von einem Meter vierzig. Der Recall-Effekt sorgte in zahlreichen Fällen für die Bergung längst verschütteten Wissens und bescherte den Teilnehmern wunderbare Stunden erster sentimentaler Erinnerungen, wie sie bisher ja nur der Eltern- und Großelterngeneration vorbehalten waren.

Für die Metamorphose der tausende e-mails in eine lesbare Buchform habe ich die Zuschriften zu themenbezogenen «Dialogen» zusammengefügt, wobei der Erhaltung der Authentizität der Beiträge allergrößte Bedeutung zukam. Die Kommunikation via Netz generiert allerorts eine eigene, lebendige Form der geschriebenen Sprache und des Schreibstils, von den Emoticons;-) über die Verwendung von VERSALIEN und Satzzeichen!!!! zur Regulierung der Lautstärke bis zur _Betonung_ mit systemübergreifenden Zeichen. Auch der Nicht-Internet-User wird sich schnell in diese Form einlesen. Auf die im Internet durchwegs gängige Kleinschreibweise und die stark gebräuchlichen Abkürzungen habe ich allerdings zugunsten des Lesekomforts verzichtet. Ein Buch ist schließlich ein Buch und kann mit all seinen Vorzügen bis dato durch kein elektronisches Medium ersetzt werden!

Die BlackBox-Community der Dreißigjährigen ist übrigens heute längst nicht mehr eine rein virtuelle Gemeinschaft. Bei regelmäßigen User-Treffen lernten wir einander kennen, und jedesmal kommen einige neue Gesichter hinzu. Nahezu täglich treffen «fanmails» von begeisterten LeserInnen ein, und die Online-Community wächst weiter. Zu unserer Freude landete die Hardcoverausgabe des vorliegenden Buches in Österreich bereits wenige Wochen nach dem Erscheinen im Februar 1999 auf Platz 1 sämtlicher Sachbuch-Bestsellerlisten, wo es viele Monate lang verblieb. Ein außerordentliches Medieninteresse bescherte uns in Österreich und in Deutschland hunderte Presseberichte sowie zahlreiche Beiträge in Radio und Fernsehen. So wurde Sony Music Austria auf unser Buch aufmerksam und äußerte zu unserer großen Begeisterung den Wunsch, eine CD gleichen Titels mit unseren Lieblings-Popsongs aus den siebziger und frühen achtziger Jahren auf den Markt zu bringen – quasi als akustische Ergänzung zum Buch. Diese CD wurde ebenfalls ein großer Erfolg, weshalb mittlerweile Nummer 2 erschienen ist. Musik macht Lust auf Tanzen, und es entstand die Idee zu einem «Wickie, Slime und Paiper-Clubbing», wo die Generation der heute Dreißigjährigen zu den Disco-Fegern ihrer Jugend abtanzen kann. Diese Clubbings finden seither – stets ausverkauft – regelmäßig statt. Aber das ist noch nicht alles! Aus dem «Wickie-Hype» entwickelten sich außerdem eine Bühnenshow, die seit mehreren Monaten an verschiedenen österreichischen Theatern gastiert, sowie eine professionelle Ausstellung. Diese beiden Produktionen gehen auf das Konto von Harald Havas, einem der fleißigsten Mitautoren von «Wickie, Slime und Paiper». Weiter gestaltete ich auf vielfache Nachfrage des Publikums mit Wolfgang Ritschl und Harald Havas einen ergänzenden Bildband, der im Februar 2000 unter dem Titel «Faserschmeichler, Fönfrisuren und die Ölkrise – das Bilderbuch der siebziger Jahre» im Böhlau Verlag erschienen ist. Den Höhepunkt der Nostalgiefreuden bescherte uns in Österreich aber die Firma Eskimo mit der Wiedereinführung des schwer vermißten und mit mehr als 4.000 Stimmen per Internet-Petition zurückgeforderten «Paiper», der in dieser Saison als «Paiper 2000» wiederauferstanden ist. Es ist das erste Mal, daß auf diesem Wege – nämlich mit einer Online-Unterschriftenliste – ein Unternehmen dafür gewonnen werden konnte, einen Konsumentenwunsch zu erfüllen. Das Buch aus der Onlinekonferenz und der Paiper von der Online-Wunschliste sind für uns ein Zeichen dafür, daß die virtuelle Welt eine immer größere Rolle spielen wird, daß aber die Schnittstellen zum «real life» stets groß genug bleiben werden.

Susanne Pauser

P.S.: Eigene Erinnerungen, Ergänzungen und Stellungnahmen der Leserinnen und Leser sind übrigens herzlich willkommen! Senden Sie eine e-mail an Susanne.Pauser@blackbox.net oder besuchen sie unsere Newsgroup «30jährige» unter www.blackbox.net/wickie – ich freue mich weiterhin über Berichte aus unseren Kindertagen!

From: Susanne Pauser @ blackbox

Subject: Einladung zur Konferenz

Liebe Kinder der siebziger Jahre!

Bist Du um die 30 und kannst Du Dich noch an Dinge erinnern, die 20 oder mehr Jahre zurückliegen? Dann sei herzlich willkommen in dieser neuen Online-Konferenz! Und das ist das Thema:

Bin ich die einzige, die sich an eine klebrige Süßigkeit namens **Leckerschmecker** erinnert?

Hat außer mir noch jemand alle verfügbaren Groscherl in **Sugus** und **Stollwerk** umgesetzt?

Kann jemand noch den **Faserschmeichler**-Song singen?

Kennt Ihr noch alle Mitglieder der Familie **Barbapapa**?

Weiß jemand noch, wer **Bobby und Strolchi** waren?

Habt Ihr auch in **Linde-Kaffee**-Dosen nach kleinen Plastikfiguren gegraben?

Und habt Ihr Euch **Jeans mit einem weißen Streifen** an der Seitennaht gewünscht?

Wißt Ihr noch, daß es um öS 2,50 einen **Doppellutscher** gab?

Erzählt mir von Euren Erinnerungen an unsere Kindheit in den Siebzigern, von Produkten, TV-Sendungen, Werbespots und Lebensmitteln, die Ihr gekannt habt und die es vielleicht nicht mehr gibt.

Ich freue mich auf Eure Geschichten!

Eure Susanne

To: Blackbox

Subject: Die Kinder der siebziger Jahre

Die Siebziger – eine Geschmacksfrage

SÜSSIGKEITEN, KINDERZAHNPASTA UND ANDERE GENÜSSE

‹Gerda› writes:

Ich vermisse den Geschmack von **Leckerschmecker**, den als Zopf geformten Karamelstangen mit Schokoüberzug. Das Karamel war nicht zu süß, nur die Schokolade ist manchmal abgebröckelt beim Hineinbeißen! *schleck*

‹Hene› writes:

Ich war ein ganz großer Leckerschmecker-Fan!

‹Uli› writes:

Ja, machen wir einfach alle eine Demo für die Wiedereinführung von Leckerschmecker! Bin dabei!

‹Harald› writes:

Die waren doch so ähnlich wie die 3 Musketiers:-)

‹Elli› writes:

Ich glaube, das war dasselbe und eines wurde irgendwann in das andere umbenannt.

‹Harald› writes:
Ich wollt ja erst nicht, aber jetzt muß ich doch schiedsrichtern ... Also: Leckerschmecker gab es in Österreich recht lange, waren aber nicht ident mit «3 Musketiers». Letztere Herren gab es zwar auch bei uns, aber ihr tatsächlicher Ruhm stammt aus den **Fix & Foxi**-Heftln, wo es immer ganzseitige Werbungen mit ihren Abenteuern gab. Inhaltlich waren sie glaub ich ident, die 3 Franzmänner aber etwas größer (und besser ...), wenn ich mich nicht irre. Und «Musketeers» gibt es in England/USA und bei uns in den Blockbuster-Videotheken ;-) Ist aber nicht dasselbe, sondern ein ganz normaler Schokoriegel ... sorry.

‹Carlos› writes:
Ich kenn die 3 Musketiers auch nur aus den Comic-Heftln. Leckerschmecker dagegen hab ich gern und oft gegessen!

‹Harald› writes:
Wir haben es hier übrigens mit dem damals sehr verbreiteten Phänomen «lange Zähne nach Sachen, die es bei uns nicht gibt» zu tun. Unter anderem waren da auch immer Werbungen in den Comic-Heftln für Duplo-Schokoriegel (arge Sixties-Grafik-Comics!), und den Riegel gab es bei uns noch nicht. Oder: Brauner Bär, ein Eis von Dr. Oetker, mit _Karamelkern_! Wollt ich immer haben :-(((((Oder so ein Wasser-Eis, ebenfalls von Dr. Oetker, wo die Stangerln als so eine Art Lego-Ersatz zum Bauen verwendet wurden. Das wollt ich urgern haben! Einmal, auf einer Kreuzfahrt mit meinen Eltern, hab ich dieses Eis bei einer Zwischenlandung auf Malaga entdeckt. Den Landurlaub hab ich mit dem Aufklauben von pickigen Eisstaberln verbracht!

‹Sue› writes:
Dafür gab es bei uns den **Doppellutscher** von Eskimo. Eine Hälfte Himbeer, die andere Zitrone – beim Teilen gab es immer Streit um die rosa Hälfte. Aber das war für alle Eltern von zwei Kindern eben die billigste Lösung!

1: Die Stangerln konnte man als so eine Art Lego-Ersatz zum Bauen verwenden.

‹Bine› writes:

An ganz tollen Tagen hab ich einen **Paiper** gekriegt. Der war das Höchste für mich. Mit diesem Katonstaberl zum Raufschieben, das hat ein ganz charakteristisches Quietschen gegeben. Den Paiper hab ich echt geliebt.

‹Harald› writes:

Ich hab mich meine Kindheit über die ganze Eskimo-Palette hochgearbeitet vom **Brickerl** – zu Anfang noch um 50 Groschen und übrigens noch mit Vanille-Füllung! – bis zum **Cornetto** Vanille. Die **Paipers** waren aber wirklich ein bemerkenswertes Produkt. Das langsame Anschieben mit dem Staberl, bis nix mehr da war! Zuletzt war der Papierstab meist mit Eis getränkt, da konnte man noch eine Weile dran nagen ;-)

‹Sue› writes:

Wenn es sehr heiß war, ist das Eis (auch Himbeer-Zitrone, oder?) vorzeitig geschmolzen, und man konnte es aus der Plastikhülse trinken! Was für ein Genuß – ganz ohne pickige Finger! Ich träume heute noch vom Paiper … Außerdem erinnere ich mich ganz genau, obwohl ich noch sehr klein gewesen sein muß, an einen Eisbecher von Eskimo, mit Löfferl dabei (eine Sensation!), wahrscheinlich Vanille-Schoko-Eis, und auf dem weißen Becher waren ganz zarte kleine Sternchen drauf, in rot und blau.

‹Bine› writes:

Ich hab ja auch den **Twinni** (Birne-Orange) sehr gemocht. Und die Frage, die wirklich die Fraktionen teilt, ist: grün oder orange? Für mich ganz klar grün.

‹ULLI‹ writes:

JAJA, grün ist super! Orange ist nur der Weg zum Ziel.

‹Harald› writes:

Grün ist eindeutig besser.

‹Gregor› writes:

Nein: beides!

‹Elli› writes:

Von der Oma habe ich einmal so einen durchsichtigen Plastik-Kegel mit Eis gekriegt – ganz unten war eine Kaugummi-Kugel drin! Da war ich natürlich schwer beeindruckt.

‹Carlos› writes:

Ja genau! Das wollt ich auch immer haben. Aber irgendwann wurde es dann eingestellt. :-(

‹Elli› writes:

Das gibt es jetzt wieder, glaub ich! Was aber leider nur kurz am Markt war: **Draculino**, (dunkelrot-weißes Fruchteis), **Blauer Riese** und **Grünofant**, ein Waldmeister-Vanille-Eis! Und niemand kann sich daran erinnern!

‹Doris› writes:

Nein, du warst nicht allein, ich hab das auch genossen!

‹Harald› writes:

Oder das **Raumschiff-Enterprise-Eis**! Mit Klebealbum dazu.

‹Carlos› writes:

Erinnert Ihr Euch an die **Eis-Orangen**? Das Eis war *bäh* grauslich, aber mit den Kugeln konnte man im Freibad herrliche Wasserschlachten machen … bis der Bademeister zur Trillerpfeife gegriffen und Besuchsverbot ausgesprochen hat ;-)

‹Ruttner› writes:

Einige süße Erinnerungen von mir sind:
Fizzers (die gibt es sogar noch!) und Fizzers Lollies,
Pfeiferl-Lutscher,
Holland Herzen mit Sprüchen drauf (die waren angeblich aus Traubenzucker, haben aber mehr nach Gips geschmeckt),
Bazooka-Kaugummis mit den coolen Bazooka-Joe-Witzen,
Hubba Bubba Kaugummi,
Erdbeerschnüre,
Bobby-Riegel mit Graf Bobby-Witzen drin,
und die Kaugummiautomaten mit Minifeuerzeugen und Totenkopfringen drin …

‹Hene› writes:

Bobby-Riegel mit Graf-Bobby-Witzen drin? Sowas hat es gegeben??? Hast Du noch mehr Infos darüber???

‹Harald› writes:

Das gab's recht lange. Die Witze waren auf dem Pappkarton, wo der Riegel draufgelegen ist. Es gab auch TV-Spors dafür, mit Bobby und Rudi. War ziemlich süß, die Sache … Später haben sie die Witze weggelassen, da ist mein Interesse erlahmt;-)

Die Riegel selbst (länglich, mit Karamel und rauher Oberfläche, die Verpackung gelb-rot-gestreift, spiralförmig gewunden) gibt es übrigens heute noch! Auch mit Bananen- und Erdbeergeschmack.

‹Hermann› writes:
Bobby – eine Kultsüßigkeit meiner Jugend! Pilotmodell: Zarte Karamelfüllung, aber nicht die Ausführung, die zwischen den Zähnen klebt (wie bei Mars oder Raider), sondern weiche, eher schokoladig-süße Füllung. Außen rum dick Milchschoko und so Knusperflocken. Das heute verfügbare Modell hat eine dünnere Milchschokoladenhülle und eine geringere Knusperflockendichte als bei Markteinführung.

‹Bine› writes:
Pfauuu! Wenn ich Karamel mögen würd, tät ich jetzt gehen und mir einen Bobby kaufen, nur um deinen Ausführungen zu huldigen!

‹Sue› writes:
Eine Riesenauswahl an Lutschern gab es damals schon: die üblichen unattraktiven, ovalen, durchsichtigen Lutscher in gelb, orange und rot, Cola-Lutscher mit Brausepulverfüllung, weiße kreisförmige Lutscher mit gestreiftem Rand und einem Blümchen in der Mitte, rosaweiß gestreifte, würfelförmige Lutscher aus Kaubonbon-Material, dann natürlich die schon erwähnten kugelförmigen Fizzers-Lutscher zum Abknabbern (obere Hemisphäre gelb, untere rosa usw.), weiters ganz lange, zungenförmige braune Lutscher mit einem gelben und einem roten Streifen, kleeblattförmige Traubenzuckerlutscher, außerdem noch – ganz selten – schokoladegetunkte Lutscher aus einer Masse wie türkischer Honig.

‹Harald› writes:
Die letzteren hatte ich am liebsten. Hab ich immer beim Eislaufen am Wiener Eislaufverein gekauft. Und vor ein paar Wochen im Gartenbaukino ;-)))

‹Bine› writes:

Kirschlutscher, rund, mit Kaugummi drinnen!!!!!
Und die kleinen Lutsch-Lippenstifte aus Fizzers-Material. Wenn man die genuckelt hat, war nachher alles rund um den Mund tiefrosa. Und **Zuckerstangen** – die bunten, gedrehten, oder die kurzen, dünnen, in durchsichtiges Plastik verpackt, in allen Farben. Wenn man lang genug gelutscht hat, dann konnte man sie verbiegen, ohne daß sie abgebrochen sind, so mit den Zähnen ... super waren die ...

2

‹Sue› writes:

Bonitos! Wie Smarties, nur kleiner und mit Lachgesicht drauf. In kleinen, braunen Säckchen. Die hatte ich gern.

‹Carlos› writes:

Könnt Ihr Euch noch an die Bensdorp-Schokolade um 1-Schilling erinnern? In grün (mit Haselnüssen) und blau (Milchschokolade). Für eine Menge gesammelte **Bensdorp Schleifen** gab es eine Tafel gratis.

‹Uli› writes:

Ich glaube, bei einer gewissen Anzahl gesammelter Schleifen hat irgend jemand Bedürftiger einen Rollstuhl bekommen- oder so.

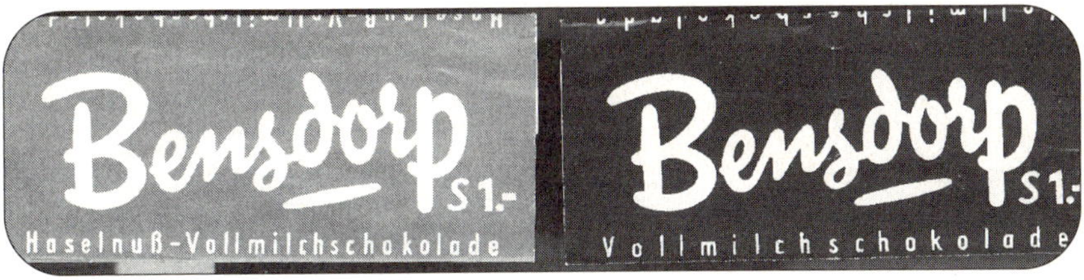

3

‹Sue› writes:

Bei uns wurde kolportiert, man braucht eine Original Bensdorp Schachtel voll Schleifen (da hatten geschätzte zwanzig Riegel Platz), um eine Gratis-Schoko zu bekommen. Also, da hätten leicht hundert dieser leeren Schleifen hineingepaßt! Ich hab mir als ungefähr Sechsjährige damals gedacht, wer sich so viele Tafeln Schokolade leisten kann (hundert Schleifen = hundert Schilling! Im Jahr 1974 ein Vermögen!), der ist auf eine geschenkte Tafel nicht angewiesen …

Hundert Tafeln Bensdorp-Schoko, so hab ich mir den wahren Reichtum vorgestellt.

P. S.: Da gab es übrigens noch so ein Mini-Schokoladentafel-Produkt: Klaus (oder Claus?) hat es geheißen. Der Rand war leicht erhöht, das weiß ich noch. Lecker! Und mein Favorit, den es nur bei Oma gab: **Crixi**-Schokolade, rot-gold-blau verpackt, mit Knusper drin.

‹Elli› writes:

Ich war ja mehr für die **Manner Keksi**. So kleine, runde Keks, einseitig in Schokolade getunkt, in transparentem Papier als Rolle verpackt, schwarz-rote Aufschrift. Allein die Verpackung war schon ein Hit.

‹Hene› writes:

Jawohlllll! Die waren traumhaft!!!!!

‹a:R› writes:

Ich hab immer **Stollwerk** von meinen Großeltern bekommen und einmal hat mir so ein $/&!!! Teil sogar echt die Plombe rausgezogen! **Sugus** waren eindeutig leckerer. Die mit dem Sugus-Männchen.

‹Sue› writes:

Ich erinnere mich! Quadratisch, saftig, gut! Und weich! Jedes einzeln eingepackt je nach Sorte in grünes, oranges oder gelbes Papier – diagonal und sehr eng bedruckt mit weißen Sugus-Schriftzügen. Dann je zehn Stück zu einem Stangerl zusammengepackt. Das Sugusmännchen war ein auf eine Spitze gestelltes Sugus-Kaubonbon mit Händen, Haxen und Lachgesicht. Und der Werbe-Jingle war: Sugus, Sugus, Sugus von Suchard.

‹neuwinger› writes:

Es gibt ein tolles Fruchtbonbon
Sugus von Suchard
Leckermäuler wissen schon
es schmeckt wunderbar
nach Orange, Ananas
Himbeer und Zitrone
diese Früchte sagen Euch
Sugus wird sich lohnen
Sugus, Sugus
Sugus von Suchard

‹Sue› writes:

Hut ab!
;-)

‹Carlos› writes:
Wo ich mir die Zähne ausgebissen hab, waren die steinharten PEZ-Zuckerln. Trotzdem hab ich mir die bei jeder Gelegenheit gekauft!

‹Mandy› writes:
Vom Geschmack her hab ich die PEZ nie so wirklich toll gefunden, aber die Spender waren einfach genial! Den Donald Duck-Kopf in den Nacken legen, PEZ naschen, das Kopferl wieder nach vorne …

‹Carlos› writes:
Ich hatte einen Goofy und einen Donald.

‹Elli› writes:
Mich hat ja auch der PEZ-Automat bei uns am Bahnhof wahnsinnig fasziniert. Sieht man heute noch gelegentlich: So ein gelber Kasten, mit einer blau gekleideten Fünfziger-Jahre-Hostess drauf, echt amerikanisch wirkte die. Aber einmal sind statt der geliebten Wildkirsch-PEZ die verhaßten Pfefferminz-PEZ rausgekommen!

‹Sue› writes:
Ich glaube, Kinder mögen Pfefferminz allgemein nicht so besonders. Man sieht es an den Kaugummis: die Erwachsenen kauen Wrigley's, die Kinder den picksüßen, knallrosa Hubba Bubba, der nach genetisch mutierten Erdbeeren schmeckt.

‹Carlos› writes:
Ich erinnere mich an diese seltsamen, viereckigen **Kaugummis mit Zimtgeschmack**, die mit einer Flüssigkeit gefüllt waren. Die wurden richtig scharf, wenn man reingebissen hat.

‹Hermann› writes:
Das wurde sogar im TV beworben: «Der Kaugummi, der spritzt!»

‹Harald› writes:
Aber da gab es noch andere Kautschis – nicht so gut, mehr gelblich und so gewellt, wie Schienen. Und die gab es auch in Langversion, glaube ich – weiß noch jemand, wie die heißen?

‹Elli› writes:
Den Namen weiß ich nicht mehr. Aber die waren doch mit Zitronengeschmack, oder? Ich mochte gern die langen Hitschler-Kaugummis, die waren nämlich a) zum Runterschlucken (so ein Material wie die «Was-wollt-ihr-dann-Maoam!) und b) war da ein Tattoo (oder ein Pickerl? Oder ein Comic-Strip?) drin.

‹Harald› writes:
An die erinnere ich mich irgendwie. Aber Kaubonbons mochte ich nie. Entweder – oder. Mein liebster Lutsch: **Campino**!

‹Bine› writes:
Könnt's euch noch an den Kirstein-**Blockmalz**-Mann erinnern?

‹neuwinger› writes:
Der Kirstein Blockmalz Mann, der Arsch, hat mir meinen Zahn ausgeschlagen! Na gut, er war schon ziemlich bedient und ich hab ihn mir an einem Blockmalz Zuckerl ausgebissen, aber … 80)

‹Carlos› writes:
Leistbar waren lediglich die Fizzers. Fünfzig Groschen eine Rolle. Ich hab sie immer gelutscht, bis in der Mitte ein Loch entstanden ist. Nach einer Rolle hat mir allerdings schon die Zunge gebrannt von der Ascorbinsäure ;-)

‹Sue› writes:

Bitte, die weiß verpackten **Manner-Karamellen** waren noch billiger. Zehn Groschen das Stück.

Genau so gern hatte ich die anderen Stollwerk, einen Schilling das Stangerl (acht Stück, glaube ich). Die gelb verpackten schmeckten nach Karamel, die Braunen nach Schokolade, die Rosaroten nach Ananas, die Grünen nach Erdbeer, die Orangen nach Banane … und Blaue gab es auch, mit Orangengeschmack …

Die Bezeichnung «Stollwerk» ist übrigens ein Mysterium. Die einen meinen damit die Manner Karamellen, und die anderen das, wovon ich gerade erzählt habe, nur: die Kölner Traditionsfirma «Stollwerck» (mit «ck»!) stellte seit jeher nur Schokolade her! Wie die Karamelwürferl zum Namen «Stollwerk» kamen, weiß niemand.

‹Elli› writes:

Ich glaube, daß die weiß-blauen die «echten» Stollwerk sind.

‹miha› writes:

Kennt Ihr die Schwindel-Stollwerk? Leeres Papier, wieder wie das gefüllte gefaltet und Nichtsahnenden angeboten. *Schadenfreude!*

‹Silvio› writes:

Manner Stollwerk waren eine Zahlungseinheit. Die Zuckerlfrau hat damit immer herausgegeben. Später hat dann der Schilling an Wert verloren, war statt 10 nur mehr 7 Stollwerk wert, dann fünf, dann wurde auf Verkauf nach Gewicht umgestellt. So habe ich die Inflation kennengelernt.

Aber dann hab ich ja schon mehr Taschengeld gehabt und so ein Viertelkilo hat für einen ganzen Tag gereicht. Damit konnte man das Gebiß ganz toll verkleben und mit viel Kraft wieder aufreißen. :-)

‹miha› writes:

Manche Stollwerk waren so griesig, gar nicht klebrig, die sind im Mund nur so dahingebröselt. Igitt! Nur die pappigen, zäh-klebrigen waren gut!!

‹Michl› writes:

Find ich nicht! Mir waren die Bröseligen lieber. Wie Rindfleisch – gut abgelegen ;-)

‹Heidrun› writes:

Apropos Rindfleisch: Ich mochte die **Kuhzuckerl** immer am liebsten.

‹Andy› writes:

Bitte was zum Kuckuck sind Kuhzuckerl???

‹Nic› writes:

Die gibz immer noch. Weiche Karamel-Zuckerl, die in ein gelb-braunes Papier mit Kuh drauf eingewickelt sind. Schmecken wahrhaft vorzüglich ;-)

‹Bine› writes:

Meine Mutti hat mir erzählt, daß ich die als Kleinkind nur so in mich hineingeschaufelt hätte :-)

‹Sue› writes:

Ich nannte diese Dinger auch immer schon «Kuhzuckerl» :-) Weich sind sie gut, haben einen fast cremigen Kern.

‹Harald› writes:

Früher kannte ich nur die echt beinharten, bröseligen Kühe ... und als ich vor wenigen Jahren zum ersten Mal ein ganz weiches bekommen habe (aus den geschlossenen Packerln im Supermarkt, nicht offen im Drop Shop) war ich ur-verblüfft, ja fast angewidert, weil so seltsam, ungewohnt weich.

‹**Bine**› **writes:**

Ich hab's, ich hab's, ich hab's. Ein Geschmack, der mir abgeht, den ich total gern wieder einmal schmecken tät und den ich schon ewig lang nicht mehr hatte – und auch im Geschäft nicht mehr gesehen hab?! **Bensdorp Fruchtmark Schoko**. Die Bitterschoko mit den 6 Kammern, wo immer abwechselnd Erdbeer-Orange-Banane drinnen war. Jajaja!

‹**Sue**› **writes:**

Die Schokolade war derart dünnwandig, daß unter der zarten Umklammerung von achtjährigen Patschhändchen die Kammern ganz leicht eingebrochen sind. Dann ist diese ganze zähklebrige, picksüße, pastellfarbene Fülle herausgeronnen und die Finger waren verpickt, und beim Abschlecken hat man das Ganze dann über die Wangen bis zu den Ohren verschmiert. Herrlich! Aber da fällt mir ein: **Bensdorp Große Gold Ananas**, eine riesige Tafel Schokolade mit Ananas-Gelee-Kugerln drin! Fan-tas-tisch! Ich hab immer ganz vorsichtig die Schokolade rund um das Kugerl weggeknabbert und dann das Kugerl mit Genuß auf der Zunge zergehen lassen. Schade, daß es die nicht mehr gibt *seufz*

‹**Dagmar**› **writes:**

Ich bin für diese **Geleefrösche** gestorben (und immer wieder auferstanden!), die mit Schokolade überzogen waren!!!!!
Und Schokobananen (aber nur die von Heller!)

‹**Susanne**› **writes:**

Könnt Ihr Euch noch an die **Kokosstangerl** erinnern? In den Farben weiß, gelb, rosa und braun. Die waren einzeln zu kaufen. Braun war ja urgrauslich, gelb und weiß waren echt super. Habe ich Jahre nicht mehr gesehen und am Donauinselfest wieder entdeckt. Mußte mir sofort ein Sackerl kaufen. Leider hat's die nur gemischt gegeben – braun ist immer noch fürchterlich. Weiß einer von euch, wo es die noch gibt?

‹Nic› writes:

Jaaa!!! Kokosstangerl! Die waren supi!

‹Harald› writes:

Die gibt's überall dort, wo man's erwarten würde: Süßigkeitengeschäfte. Das gilt auch für andere Sachen, die hier schon oft als verschollen gemeldet wurden … Außerdem trifft man derlei Süßigkeiten vereinzelt immer wieder in Supermärkten, Kinos, Ausflugslokalen, Theatern oder bei Greißlern. Good hunting!

‹Bine› writes:

Ob wir die Kokosstangerl gekannt haben, fragst du? Gekannt???? Geliebt!!! Hach, ich mag das picksüße Zeugs heute noch! Obwohl ich sonst meine Vorliebe für Kokos ziemlich verloren habe. Es gibt gemischte (so Schnecken / Rouladenscheiben) im Zuckerlgeschäft, aber wenn du wieder mal welche kaufst und dir die braunen nicht schmecken, das waren mir immer die liebsten!!! Melde mich gern zur Abnahme! *sabber*

‹Doris› writes:

Die Kokosstangerl gibt's noch? Und **Manja**, dieses fettige Zeugs, wo dir dann regelmäßig schlecht war?

‹Bine› writes:

Na logo. Ich kauf mir heute noch alle paar Monate Manja-Stangerln … ist Pflicht! Zuerst die Schokolade anknabbern und dann den Cremekern reindrücken / lutschen und zum Schluß die Finger abschlecken und womöglich auch das Stanniol. Ich hab's ja auch immer wieder mit **Swedy** probiert, aber dieser Aschantigeschmack kann sich mit dem Manjastangerl nicht messen … *lechz*
Apropos Abarten von süßen Dingern … könnt ihr Euch noch an die **Sommer-Schwedenbomben** erinnern? Die haben so eine Fruchtfülle gehabt

(Orange, glaub ich ?!) und die hat's nur «nackert» gegeben, also ohne Kokosstreusel. Die habe ich echt o. k. gefunden damals. Aber außer mir kaum jemand sonst …

‹Susu› writes:
Ach ja, das erinnert mich an jene legendäre Exkursion mit der Volksschule in die Schwedenbombenfabrik. DAS war was. Solche Exkursionen gibt's heutzutage ja gar nicht mehr. Da werden nämlich auch die Manja-Stangerl hergestellt und wir durften von den zerbrochenen soviel essen, wie wir wollten / konnten.

‹Bine› writes:
Waaaahnsinn! Wir haben sowas nie gemacht! Ich war nur in der HAK zweimal bei Philips und des woas a scho … also jetzt muß ich dich ernsthaft um deine Lebenserfahrung beneiden!!!! *sabber*

‹Hermann› writes:
Stimmt. Sauerei. Ich bin ein paar hundert Meter von der Schwedenbombenfabrik im 3. Hieb aufgewachsen. Und meine Volksschule war genau einen Häuserblock von dahoam entfernt. Dennoch gab's nie eine Exkursion nach Xanadu …
Übrigens hab ich's nie geschafft, mich mit mir selbst in einem wesentlichen Punkt der Schwedenbomben-Philosophie zu verständigen bzw. zu einigen, nämlich: welche sind mir lieber – die G'streuselten oder die Nackerten? Das ist ein sehr seltsames Phänomen vor dem Hintergrund, daß ich üblicherweise sehr schnell Vorlieben / Abneigungen kulinarischer Natur entwickle, womit sich z. B. Pizza-Essen (unterschiedlichste Genüsse!!!) zu einem sehr abwechslungsreichen, aber auch intellektuell herausfordernden Spiel im Spannungsfeld zwischen Hedonismus und Frust(-Vermeidung), Gourmet- und Gourmourismen entwickelt. Gibt's Erfahrungsberichte hinsichtlich Vorlieben für gstreuselte vs. nackerte Schwedenbomben?

‹Andy› writes:
… also bei mir ist das pure Absicht, daß ich mich nicht entscheiden kann. So muß ich jedesmal, wenn ich eine Nackerte gekostet habe, eine Gestreuselte kosten, ob's nicht doch besser ist, und umgekehrt, bis keine mehr da ist :-)))

‹ULLI› writes:
Gestreuselt, immer schon so gewesen und wird auch so bleiben. Zum Glück hat mein Bruder die Nackerten bevorzugt, damit war einer ausgeschieden, der mir die mit Kokos streitig gemacht hat. Die Mama war immer viel zu rücksichtsvoll, hat mir immer die lieberen lassen. Der einzige, mit dem ich um die Wette essen mußte, war mein Vater, der die Nackerten nur in Notsituationen gegessen hat. Mir sind die Nackerten einfach zu picksüß.

‹Susu› writes:
Also bei mir woar des so: Wie ich ganz klein war, hab ich dezidiert die Gestreuselten viel lieber gehabt, das heißt, daß ich zuerst die Nackerten gegessen hab – verwöhntes Einzelkind ich ;-) – und mich dann erst voll Genuß den wahren Köstlichkeiten hingegeben hab. Später im pubertierenden Zeitalter bin ich dann mehr auf die «Nackerten»-Linie umgeschwenkt. Ah ja, und etwas später bin ich dann wieder draufgekommen, daß die mit was drauf ganz einfach objektiv mehr sind. Jedenfalls war ich immer sehr strikt in meinen Vorlieben, während es mir momentan echt wurscht ist, weil ich schon seit Jahren keinen SchwB gegessen hab.

‹Hermann› writes:
Hmmm … das mach ich auch immer so, das Beste am Schluß. Bin zwar auch ein Einzelkind, glaube aber nicht, daß das damit etwas zu tun hat. Würd mich aber interessieren, ob's auch Leute gibt, die das Beste zu Beginn haben. Und mit welchen sonstigen rationalen oder emotionalen Eigenschaften ein solches Verhalten verbunden ist …

‹**ULLI**› **writes:**

Ich kenn da jemanden sehr gut, der zuerst das Beste ißt. Mit Windeseile. Und ich hab das nie verstanden. Vielleicht hatte er Angst, daß jemand anderer die Guten wegessen könnte, bevor er selbst dazu kommt. Leider ist ja zum Beispiel in so einem Sackerl **Drageekeksi** der Dunkel-Anteil ziemlich gering (die rühmen sich ja sogar damit, daß _noch_ mehr Milchschokoladekeksi drin sind, dabei mußte ich immer so lange essen, bis endlich nur mehr dunkle übrig waren). Zum Glück sind aber die Milchschokoladefritzen häufiger gesät als die Bitterschokoladigen, so kann man gut teilen :-))
Genauso gegangen ist es mir auch mit Gummibärli (super sind rot und grün, grauslich gelb und orange, ziemlich neutral die weißen).

‹**Elli**› **writes:**

Da gab es doch eine TV-Werbung für Drageekeksi: «Ein dunkles, ein helles …» war das nicht so? An den Schluß erinnere ich mich jedenfalls genau: «Wenn i nur aufhör'n könnt'!»

‹**Susu**› **writes:**

Ich glaub schon, daß es einen Zusammenhang mit der Einzelkind-Existenz gibt. Da kannst du dir solche Sperenzchen leisten. Die Eltern werns dir ja ned grad weghabern. Wennst dir als Mehrfachkind die Besten bis zum Schluß aufhebst, hat's wer anderer g'fressen :-)

‹**Hermann**› **writes:**

Bei den Drageekeksi hatte ich immer meine eigene Philosophie: Zuerst immer zwei auf einmal in den Mund stecken, ein Milch und ein Bitter. Das harmoniert prächtig. Im fortgeschrittenen Stadium des Verzehrs dann zu einer Dreierkombination mit alternierend zwei Bitteren / einem Milch und zwei Milch / einem Bitteren. Auch dabei weiß ich nicht so genau, welche Kombination mir lieber ist und freue mich beim Beissen immer schon auf die nächste Variante …

Übrigens, ich bin eigentlich nicht davon ausgegangen, daß Mehrkindfamilien noch in archaischen Strukturen leben, wo alle aus dem gleichen Topf fressen, sondern hatte eher das Bild einer Familie mit eigenen Tellern …

‹Susu› writes:

Du meinst, ihr habt die Schwedenbomben von Tellerchen mit Messer und Gabel gegessen?!? Faszinierend, was eine geordnete Erziehung doch ausmacht ;-)

‹Andy› writes:

… also:
1. ich bin auch Einzelkind
2. ich esse üblicherweise von meinem eigenen Teller :-)
3. ich hebe das Beste zum Schluß auf
4. ich mag Schwedenbomben in fast jeder Form (Ausnahme die Kaffeedinger)
5. ich mag Drageekeksi überhaupt nicht!

‹ULLI› writes:

Übrigens fällt mir gerade ein, daß es die Fanfare nur mehr mit Haselnuß gibt (was ich nicht sehr schätze), früher aber – genial – mit Mandelfülle! Wo sind die bloß hin???

‹Harald› writes:

Weiß nicht. Aber zu Fanfare fällt mir ein, daß sie die damals ganz neu erfunden haben, und in der Werbung haben's dann gelogen von der «alten Wiener Backtradition». Ha! Ähnlich keck wie die Fanfare-Werbung war nur noch «Radlberger», die uns eine Kindheit mit Radlberger suggerierte («Ein Sommer wie damals»), obwohl's das Zeug damals noch gar nicht gab! Werbung lügt!

‹Pez› writes:

Da gab's doch auch so ein Sackerl mit Naschzeug, wenn man sich das in den Mund tat, dann ploppte es mächtig (hieß das «Pop Rockys» oder so?)

‹JoB› writes:

Pop Rocks, soweit ich mich erinnere. Da gab es dann auch Zeitungsmeldungen über schwer verletzte Kinder etc. Ich war recht stolz, das Zeug ohne Verletzungen genossen zu haben :-)

‹Maria› writes:

Was für Verletzungen? Ich hab das auch in Massen konsumiert :-)

‹JoB›:

Ich erinnere mich an Meldungen über Zahnfleisch- und Zungenverletzungen. Hab's aber in den Bereich der Meldungen à la «Katzen übertragen Aids – nicht streicheln!» (gab es wirklich!) eingereiht.

‹Travis› writes:

In meiner Volksschule gab's Meldungen, welche sinngemäß lauteten, wenn ein Kind eine Dose Cola nach dem Verzehr von Pop Rocks zu sich nehmen würde, wäre eine körperliche Explosionsgefahr gegeben. File under: urban mythology.

‹Bine› writes:

Mir ist aufgefallen, daß sie die **Manner Schnitten** 4er-Zusammenstellung – Kaffee, Kakao, Himbeer, Zitrone – nicht mehr anbieten. Dabei hab ich die komischen Himbeerschnitten echt nett gefunden und zur Not auch die Zitronenschnitten genommen, wenn's nix anderes gegeben hat.

‹Sue› writes:
Himbeer hab ich am meisten geliebt, die waren immer ganz schnell weg. Die Zitronenschnitten hab ich erst zum Schluß gegessen, und die mit Kaffee hab ich überhaupt gleich der Mama übrig gelassen. Heut würd ich sie gern essen ;-) Es hat übrigens auch mal kurze Zeit die Sorten Orange und Kokos gegeben.

‹Maus› writes:
Soweit ich weiß, gibt es Zitrone immer noch, aber Himbeer war göttlich gut ;-)))

Georgie writes:
Uuuur-lecker! Ich hab damals schon meine Kaffee-Leidenschaft erkannt und die Kaffeeschnitten immer als erste verputzt. Danach: Himbeer!

‹Harald› writes:
Ihr seid's ja alle pervers! Nur Manner Haselnuß und (was ihr vergessen habt!) Mignon Schnitten (!) waren eßbar und kultig gut! Kaffee – bäh … Himbeer & Zitrone – da hat's mir immer alles zammzogen im Mund. Kakao – ? Das halte ich für eine Fehlerinnerung.

‹Hermann› writes:
Napoli Goldmignon sind die einzig wahren!!! Obwohl die anderen Schnitten-Varianten von Napoli auch zum Vergessen sind.

‹Sue› writes:
Ich hab übrigens erst als Erwachsene wahrgenommen, daß «Mignon» eigentlich französisch ausgesprochen wird. Ich hab natürlich, wie alle Kinder in meiner Umgebung, ganz deutsch Mig-non, mit Betonung auf «i», gesagt.

‹Bine› writes:

Ich war immer für die Manner Mignon Schnitten! Die waren weiß verpackt, mit blauer Schrift, kurze Schnitten mit Bitterschokolade überzogen, wo zwei in einer Reihe liegen. Die retten mir heute noch oft auf Seminaren das kurzfristig sehr schokoladenleere Leben!
mampf

‹Carlos› writes:

Manner mag man eben ;-)

‹Bine› writes:

Apropos Manner: Früher hat es in den Kinos **Schokolade-Mint-Taler** gegeben, mit und ohne Bitterschokoladebezug! Genau die hätte ich noch gern, die waren viel genialer als After Eight!

‹Elli› writes:

Also, die mit Schokoladeüberzug gibt es noch! Allerdings in rosa Säckchen und nicht mehr in der Cellophanrolle. Manner Schokolade Pfefferminz steht drauf. Ich eß die auch urgern :-)

‹Sue› writes:

Keiner erinnert sich mehr daran, daß der Flana Vanillepudding kurze Zeit mit Rum aromatisiert war und der Flana Schokoladepudding mit Mint-Geschmack! Der Vanille-Rum-Pudding ließ mich kalt, aber für den Flana-Mint-Pudding wär ich Kilometer gegangen! Leider war der bald wieder vom Markt verschwunden :-(

‹Bine› writes:

Und Pistazien-Pudding! Den hab ich heiß geliebt, weil er so toll türkisgrün war. Gibt's den noch?

‹**Sue**› **writes:**
Aber sicher. Und Karamel-Flana auch.

‹**Silvio**› **writes:**
Meine Eltern importierten für mich einen Wackelpudding namens «Jell-O». Am besten war der Geschmack «Lime» bzw. am schönsten die grüne Farbe. Ich stellte mir vor, der Wackelpudding wäre ein außerirdisches Meer und schlug Wellen und ritzte mit der Gabel Bugwellen. Oder ich wasserte den an (gedachten) Fallschirmen herabschwebenden Löffel und barg ihn schließlich. Oder ich grub einfach nach Bodenschätzen. Und schließlich schnitt ich mit dem Löffel geometrische Edelsteinschliffe aus dem gut bearbeitbaren Material. Nur Fossilien fand ich nie.

‹**Bine**› **writes:**
Bin ich eigentlich alleine mit der Erinnerung an das Löffeln von **Kondensmilch**??

‹**Harald**› **writes:**
Aber geh. Wir sind Legion! Und was heißt hier _Löffeln_? Direkt aus der Tube saugen wie ein Weltraumfahrer war die Devise.

‹**Nic**› **writes:**
Nestlé Kondensmilch! Die hab ich ja auch immer gleich aus der Tube gesaugt … picksüß!

‹**PowerFox**› **writes:**
Auch bei uns war die immer gleich wieder weg, wenn ich sie gefunden hab.

‹**Hermann**› **writes:**
Löffeln? Iiiiihhh! Aus der Tube zuzeln ist die einzig wahre Form des Kondensmilchverzehrs!

‹Uli› writes:
Ich spür direkt den süßen Extrem-Milchgeschmack! *schwelg*

‹ULLI› writes:
Die Kondensmilch hat es bei uns nur bei der Oma gegeben und die war meistens alt (die Kondensmilch, nicht die Oma). Daher auch nicht sehr begehrt. Schon eher geschmeckt hat mir die **Blendi** und die Mama hat sich wohl des öfteren gefragt, warum die so schnell leer wird …
Und eine Schulkollegin von mir hat bei einem Wettbewerb so ungefähr hundert Tuben Zahnpasta gewonnen, die nach Cola, Himbeer und einem dritten synthetischen Geschmack hätten schmecken sollen.

‹Uli› writes:
In der Schule hat es immer so einen Klebstoff für Papier gegeben. In einer kleinen runden Dose, mit einer kleinen roten Spachtel, und der hat irrsinnig intensiv nach Marzipan gerochen …

‹Harald› writes:
Pelikanol! Den hat es schon in den 30er Jahren gegeben, und meine Mutter und ihre Freundinnen haben den heimlich aufs Brot gegessen!!!
Ich hab nur UHU gekaut (arg scharf!)

‹a:R› writes:
Kugerln wuzeln damit war auch ganz witzig, man hat aber aufpassen müssen, daß man saubere Finger hatte, sonst wurde es ein brauner Knödel. Ziel war immer, einen sauberen Uhu-Knödel zu wuzeln, der Luftblasen drin hatte :-))

‹PowerFox› writes:
Sanostol! *Schmatz*. Das war so ein picksüßer Vitaminsaft, von dem ich leider immer nur einen Eßlöffel pro Tag bekommen habe.

‹Andrea› writes:
Irrsinnig gern hab ich auch an den **Honigbären** (durchsichtige, weiche bärenförmige Kunststoff-Honigflaschen mit rotem Hütchen) gezuzelt.

‹Mona› writes:
Die habe ich auch heiß geliebt!

‹Nic› writes:
Hab unlängst erst wieder einen gesehen und hab mir an Haxen ausgfreut!!! Die waren supi!

‹Mandy› writes:
Das Nöm-Mix gab's damals noch in ganz unförmigen Plastikbecherln mit Alufolie darüber, und die einzelnen Becher waren oft nicht voneinander getrennt, sondern hingen am oberen Rand (produktionsbedingt) noch zusammen – so konnte man sich einen Nöm-Mix-Sixpack krallen. Und weil sich das Alu nie gscheit abziehen ließ, durchstieß ich es meist mit dem Löffelstiel, schnitt den Deckel am Rand entlang auf und löffelte den köstlichen Inhalt aus. Es gab damals genau zwei Sorten, nämlich Heidelbeer und Erdbeer – und ich bin total drauf gestanden :-)))
Übrigens hab ich immer Mömix dazu gesagt ;-)

‹Harald› writes:
Stimmt alles, bis auf die Sorten-Vielfalt! Denn ich hatte schon im Schulbuffet u. a. Banane! Auch Schoko folgte bald danach. Viel 70erer ist allerdings: **Fru-Fru** in Glasflaschen! Erst nach der Marmelade bohren, dann die Sauermilch löffeln.

‹Sue› writes:
Ich erinnere mich noch gut an eine aufgeschlagene Topfencreme mit Heidelbeermarmelade am Boden. In einem durchsichtigen Becher. Das hieß

«Desiré» und war köstlich. (Ich würde übrigens niemals Fru-Fru oder Obstgarten oder Dany-plus-Sahne oder sowas ähnliches _verrühren_. Die Kunst besteht darin, auf jeden Löffel etwas von beidem zu bekommen, und zwar in einem solchen Verhältnis, daß von keinem Teil etwas übrigbleibt.)

‹mrd› writes:
Da fällt mir noch was ein! Es gab früher so ein Bananenmilchpulver, das man mit Milch anrühren konnte. Alle späteren Varianten waren nur mehr *würg* für meine Geschmacksnerven.

‹Sue› writes:
Dieses Frappé-Pulver gab es auch mit Erdbeergeschmack. Das war meiner Meinung nach weder mit Milch noch trocken genießbar. Pulver pur habe ich übrigens meistens bevorzugt – zum Beispiel auch bei der Himbeerbrause! Aus dem Sackerl auf die Hand schütten und schlecken! Wie das schön geschäumt hat im Mund. Mmmh! Mit Wasser vermischt war das dagegen nix.

‹Bernard› writes:
Beim Greißler gab es diese weißen Sackerln mit **Brausepulver** um einen Schilling.

‹Bine› writes:
Die mit Zitronengeschmack waren sowas von künstlich-knallgelb!

‹Sue› writes:
Nur das **C-frisch** im Beutel (mit Wasser gemischt war es sowas wie Cappy Orangensaft) war zu sauer zum trocken Essen. Das war ganz hoch konzentriert.

‹Ruttner› writes:

Bei den **Ovomaltine**-Dosen gab es irgend etwas zum Sammeln. Ich glaube, Gutscheine. Und wenn man genug davon hatte, bekam man einen leckeren Ovomaltine-Riegel gratis dafür.

‹Heidrun› writes:

Ich habe die Ovomaltine lieber geschleckt als getrunken. Mit Milch hat die keinen Geschmack mehr, finde ich. Am köstlichsten war es, wenn Feuchtigkeit in die Dose gekommen ist und es Klumpen gab.

‹Harald› writes:

;-))) *schleck!*
Wie sich die Dinge gleichen …

‹Ruttner› writes:

Kann sich noch wer an **Benco** und **Benco Banane** erinnern? Da war ein Comic-Strip auf der Innenseite des Etiketts. Und **Suchard Express** in der blauen Dose? Beim Hofer gab es **Beppino Quick** – und die blauen Deckel eigneten sich hervorragend als Blumenuntersetzer.

‹PowerFox› writes:

Oder auch als Frisbee!

‹Sue› writes:

Und die gelben **Nesquik**-Dosen waren damals längs gerillt! Ein prägendes haptisches Erlebnis ;-) Bei uns bekam man auch frischen Kakao und Milch in dreieckigen Packerln, mit Strohhalm, so wie das **Sunkist**!

‹Elli› writes:

Sunkist in der Tetraeder-Form! Das will ich wieder haben!!!! Ich war ur-enttäuscht, als die viereckigen Packerln eingeführt wurden …

‹Carlos› writes:

Ja genau, das Gefühl am Wandertag, wenn sich eine Dreieckspitze durch deinen Kinderrucksack in deinen Rücken bohrt … *grins*
Sunkist bekam ich nur am Wandertag oder zu ähnlich seltenen Anlässen.

‹Ruttner› writes:

Und die ersten **Dreh-und-Trink**! Zuerst Orange, dann kamen Kirsche und Kiwi.

‹Elli› writes:

Was sagt euch **Schartner Bombe** – die Bomben-Erfrischung?

‹Hermann› writes:

Die gab's noch vor wenigen Jahren in bestimmten Gasthäusern! In original grüner Bombenflasche. Beste Erfrischung von überhaupt!

‹Hene› writes:

Sehr zu empfehlen ist das Himbeer Schartner! Das Himbeer-**Keli** ist dagegen, glaub ich, von uns gegangen.

‹Uli›:

Oder: **Konki**! Super! War da nicht eine Giraffe drauf?

‹Carlos› writes:

Soma Limonade – in den Sorten Kirsch und Cola – kannte ich auch.

‹Irmi› writes:

Soma Limonade gibt es immer noch – die wird in Hall in Tirol produziert und ist selten, aber doch erhältlich. Und **Bluna** gab es damals und **Afri Cola** und **Frucade**.

‹Uli› writes:

Ich habe im Gasthaus selten was zu trinken bekommen («trinken kannst daham») und wenn, dann was Billiges: **Himbeerkracherl**. Das war damals ziemlich üblich für Kinder.

‹Elli› writes:

Und: **Sinalco**, Sinalco, schmeckt orangenfrisch!
Remember? Eine alte TV-Werbung. Da hüpften so kleine Kohlensäurebläschen mit Gesichtern singend und lachend herum.

‹mrd› writes:

In meinen Kindertagen gab es **Traubisoda**. Rot und grün. Ich habe es geliebt! Irgendwann wurde es dann aufgelassen :-(
Und dann kürzlich, zu Besuch bei Bekannten, wurde ich gefragt, was ich trinken wolle – ein Traubisoda vielleicht? Ich traute meinen Ohren nicht. Das Getränk meiner Kindheit gibt es wieder! Jetzt wird Traubisoda in langweilige PET-Flaschen abgefüllt – das schmerzt. Aber es schmeckt wie damals! =:-,)

‹Harald› writes:

Traubisoda mocht ich ur-gern. Gab's allerdings nur selten.

‹Maus› writes:

Bei Billa gibt es Traubisoda seit einiger Zeit wieder … und gut isses wie früher!

‹Bine› writes:

Und beim Interspar steht es auch schon länger im Regal. Aber was ich noch nicht ganz verkraftet habe ist, daß ich bisher nur das weiße gefunden habe und das super-tolle-mir-viel-lieber-rote Traubisoda einfach nicht aufzutreiben ist! *zum Eiskasten entfleuch*

‹Wolfgang› writes:
Kannst dich an den Werbespot erinnern?
Kellerkaaaaaalt …

‹mrd› writes:
… ich fasse es nicht! Und ich dachte schon, ich sei mit meinem Traubisoda-Trauma alleine ;-) Ich hab damals echt Terror gemacht, weil ich dachte, meine Eltern _wollten_ einfach kein Traubisoda mehr kaufen. Ich konnte nicht glauben, daß sie es nicht mehr herstellten, wo ich doch immer so viel davon getrunken habe …

‹Harald› writes:
Also, daß es Traubisoda wieder gibt, wurde schon erwähnt. Allerdings stimmt der Geschmack meiner Meinung nach nicht so wirklich, weiß aber net genau, was mich irritiert. Und die optische Gestaltung is wohl eine Mega-Watschn! Was soll der depperte Reben-Knirps da drauf, statt dem ur-coolen 70er Design?

‹Bine› writes:
Das **Lift** geht mir ziemlich ab … *eine Trauerminute einleg*

‹Sue› writes:
I remember. Zitronen- und Kräuter-Lift in der grünen Flasche, am oberen Rand waren rundherum so kreisförmige Einbuchtungen, wie inverse Bullaugen. Das «i» in Lift war ein gelber, nach oben zeigender Pfeil, oder? Und der Etikettenhintergrund: blauer Himmel mit Wolken. So habe ich es zumindest in Erinnerung …

‹Dagmar› writes:
Also, Lift war das einzige Gesöff mit Kohlensäure, das ich trinken konnte. Im Cola war (und ist noch immer) viel zu viel drinnen!

‹Sue› writes:

Das Fanta war viel oranger damals. Und die Flaschen waren dunkelbraun und gerillt!

‹Harald› writes:

Ich möchte vermelden, daß es das very 70ies Gesöff **Mezzo Mix** (Cola plus Fanta) in Deutschland noch gibt! Und auch das Lift.

‹Heidrun› writes:

Ich hab zuerst geglaubt, es heißt Mezzopsch Mix, weil es in der Reklame immer Mezzo Psssccchhh Mix hieß :-)
Und die ersten «7up», die ich 1983 auf Sprachferien in England gesehen hab, waren für mich «Zup», bis dann nach einer Woche das Aha-Erlebnis kam :-))))

To: Blackbox

Subject: Die Kinder der Siebziger

Ein Kosmos zwischen Kinderzimmer, Hof und Schule

LEGO SPIELEN, PICKERL TAUSCHEN UND GUMMIHÜPFEN

‹a:R› writes:

Sea Monkeys – wer kennt die noch? Waren auf jedem Comic-Heftl drauf und waren zu bestellen! Haben ausgeschaut wie eine Mischung aus Mensch und Seepferd und haben laut Werbung gelebt, gespielt etc. :-)
Der Traum meiner jungen Jahre – ich vermute, es war dasselbe, was später YPS als Gimmick unter dem Titel «Steinzeitkrebse» verkauft hat. Gab's jedenfalls mit Aquarium und so.

‹Sue› writes:

Ja! Die «Frauen» hatten rote Lippen und urlange Wimpern, die «Kinder» spielten Ball, der «Vater» hatte eine Pfeife und so weiter! Das hätte ich auch gerne gehabt. Man hätte per Post bestellen und einen Fünfmarkschein schicken müssen. Das war mir dann doch zu riskant ;-)

‹PowerFox› writes:

Ich hatte damals sogar ein ganzes «Kit», mit Futter für jeden Tag, eigenes für Sonntag, Wasser-Luft-Pumpe fürs Aquarium und Meersalz fürs Wasser, das tolle Aquarium mit den eingebauten Lupen – und das mehrfache Erlebnis, daß all diese wurligen kleinen Pünktchen irgendwann an der Oberfläche schwammen und sich nicht mehr bewegten 8-(((Hat irgendjemand die angegebene Größe von 1,5 bis 2,5 cm erlebt??? Meine Sea Monkeys habe ich dann schon mit dem Wasser meiner Tränen wiederbelebt – so viel habe ich damals immer geheult, wenn sie gestorben sind …

‹neuwinger› writes:
Ich hab grad in einem alten YPS-Heft ein Packerl Steinzeitkrebse gefunden und trau mich nicht, sie ins Wasser zu hauen, weil ich nie mehr Futter für die Viecher kriegen tät! *Seufz*

‹PowerFox› writes:
Angeblich soll einfaches Algenpulver (aus jeder Zoohandlung) ausreichen.

‹Hene› writes:
Diese Viecherln gab's also wirklich ?! Hätt ich mir nicht gedacht. Scheint sich um so eine Art Vorläufer-Tamagotchi gehandelt zu haben …

‹Irmi› writes:
Kennt ihr die **Linde-Kaffee**-Figuren? Kleine, weiße Indianer und Cowboys aus Plastik, die waren in jeder Linde-Kaffee-Packung und waren einfach großartig zum Lego spielen!

‹Hene› writes:
Ja, an die kann ich mich auch erinnern!

‹a:R› writes:
Ja, und die **Airfix**-Figuren waren auch was! Wir haben damals wilde Schlachten hingelegt – gefährlich, gefährlich …

‹Harald› writes:

Am schönsten war es, die gebastelten Airfix-Flugzeuge mit einer Spur aus Uhu zu verbinden und das ganze anzuzünden. Der Uhu war wie brennende Lunte! Besonders toll war dann noch, die kleinen **Lady Cracker** einzubauen: das ganze ist explodiert und hat mit einer schwarzen Rauchfahne gebrannt und gestunken … ;-)))

‹a:R› writes:

Wer hatte keine Lady Cracker!!! Um zehn Groschen das Stück! Nur getoppt vom **Piratenkracher** und den Raketen um einen Schilling, die fffttttt machten, und – wenn man ein Loch reinbohrte und die Lunte von einem Lady mitsamt Anhang reinsteckte und mit Tixo fixierte – sogar explodierten … **Playmobil**-Männchen haben sich übrigens optimal zum Spicken mit Lady Crackern geeignet!

‹thm› writes:

Mein erstes Taschenmesser war ein Nusch, mit Holzgriff, das gab es in verschiedenen Farben. Wenn man es mehr als drei, vier Mal auf- und zugeklappt hat, war das Scharnier ausgemergelt und man mußte es mit einem Hammer wieder festklopfen.

‹a:R› writes:

Yep, geniales Teil – hatte einen recht runden Griff mit einer Kugel am Ende und der klassischen Bowie-Messerklinge. Ein Feitl halt, nur leider urbillig und schlecht!

‹neuwinger› writes:

Waren die Dinger aus gedrechseltem Holz?

‹Nic› writes:

Wenn ja, dann hatte ich auch sowas – und zwar in Knallpink! :0)))

‹a:R› writes:
Ein Hammer aller Zeiten waren diese Sammelalben, wo man (yesyes, ich hab **Sarah Kay** gesammelt und **Star Wars** und alle anderen Fußball …) um ein bißchen Geld 4 Pickerl in einer Hülle kaufte (zigfach doppelt!) und in ein sinnloses Pickerlheft reinklebte …

‹Sue› writes:
Genau! Bei uns im Hof wurden Schifahrer (Olympische Winterspiele oder so) gesammelt und auf jedem Treppenabsatz und auf jeder Kellerstiege versammelten sich die Dealer: «Wos gibst ma für die **Annemarie Pröll**???» *grins*

‹neuwinger› writes:
Jessas, wie ich diese Sarah-Kay-Püppchen verabscheut habe, diese schleimigen, niedlichen, pastellfarbigen, Pausbackenkindchens in ihren viktorianischen Rüschenkleidchen und ihren kontemplativen Posen – *würg*, *würg* und abermals *würg*!

‹Sue› writes:
Was soll ich sagen – ich war in einer reinen Mädchenschule. Sarah Kay vom Federpennal oder vom Tagebuch etc. abzeichnen zu können, war sozial gesehen eine Existenzfrage …

‹Dagmar› writes:
Bei mir werden Erinnerungen an die Fußball-WM 1978 wach. Ich hab damals mein gesamtes Taschengeld für dieses doofe Stickeralbum ausgegeben. Viele Bilder hatte ich doppelt, es wurde hin- und hergetauscht, aber ein paar Bilder haben immer gefehlt!

‹neuwinger› writes:
Ich hab nie mein Schwarzes-Loch-Album fertig gekriegt, das verzeih ich Panini nie! Dafür hatte ich Robert Sara acht mal. 80)))

‹Mandy› writes:

Die doppelten, drei- und vierfachen Fußballer- und Schifahrerpickerl, deren Tauschwert unter Null lag, hab ich in meiner Verzweiflung irgendwann einfach auf die Tapete neben meinem Bett gepickt – die Begeisterung meiner Mutter hielt sich in Grenzen, doch mußte sie einsehen, daß ein Entfernen nicht dazu angetan war, die Ausgangssituation wiederherzustellen – ein klassisch irreversibler Prozeß also ...

‹Hermann› writes:

Ich hab mich schon damals einen Dreck für Fußball interessiert, aber nach den **Sammelalben** war ich süchtig! Und ich hatte noch: Auto-Album. Western-Album. Irgendein Comic-Album. Und: Ich hab sie heute noch – ätschi!

‹Harald› writes:

«Super Autos», rotes **Panini** Klebealbum. Hat das wer? Kennt das wer?

‹Hermann› writes:

Ich kenn das.
Ich hab das.

‹Harald› writes:

Wieviel wüst?

‹miha› writes:

Quartette! So ein richtiges Bubenspiel. Mit Autos, Schiffen, Städten, technischem Popanz ... Beim Spielen dann die Konkurrenz: wer hat mehr PS? Welches Schiff hat mehr Bruttoregistertonnen? Welche Stadt hat mehr Einwohner? Wer schlägt den anderen ... Frühe Prägungen!

‹neuwinger› writes:
«480 PS»
«530 PS»
«Bist deeeepppaaaat? Des zeigst ma obaaa!!!
Jessas, das waren noch Zeiten …
80)))

‹Carlos› writes:
grins Und der **Supertrumpf** war auch ganz wichtig beim Quartett.

‹Harald› writes:
Tangram! Und **Master Mind** sowie **Stratego, Risiko** und die ganzen Schwachsinnsspiele von MB.

‹Sue› writes:
Kenn ich alles. Bei Stratego und Risiko durften – in meinem Siedlungs-Mikrokosmos – die Mädchen nie mitspielen. Master Mind hat es im Schülerhort gegeben, das war ständig besetzt. Ebenso das hölzerne **Labyrinth**, durch das man mit Dreh- und Kippbewegungen eine silberne Metallkugel navigieren mußte! Das war nagelneu damals, und ich erinnere mich bis heute an diesen seltsamen Holz-Lack-Geruch.

‹Uli› writes:
Tipp Kick fällt mir ein, war zwar nur relativ kurze Zeit aktuell, aber witzig die Mandln, denen man am Kopf haut, damit sie mit einem Fuß auf einen vieleckigen Ball treten (und damit meist nicht das Tor treffen, sondern irgendwo versteckt unterm Tisch landen!!!)

‹Harald› writes:
Jo, jo, das hab ich auch gehabt. Mein vieleckiger Ball war zur Hälfte rot und zur anderen Hälfte gelb. Je nachdem, auf welche Seite er geplumpst ist, war

4:
Frühe Prägungen: «530 PS» Des zeigst ma obaa!!!

entweder die rote oder die gelbe Mannschaft dran. Es gab zwei Spieler am Rasen und zwei Torleute. Der echte Kampf war die aufrollbare Matte, die nie glatt zu kriegen war …

‹Sue› writes:
Hatte von euch Mädels jemand eine **Gehpuppe**, die auch sprechen konnte (mit durchsichtigen, gelben Schallplatten im Rücken)? Pah, das wär mein Traum gewesen. Die waren riesengroß.

‹Andy› writes:
Ich! Und ich kann mich noch gut erinnern, wie meine Augen geleuchtet haben, als ich sie unterm Christbaum entdeckte.

‹Sue› writes:
Was ich oft hatte, waren diese **Ausschneidepuppen** aus Karton, mit Kleidern aus Papier. Man mußte die Laschen mit ausschneiden und umbiegen und hängte die Kleider der Kartonpuppe an. Ich hab mir die Kleider auch oft selbst gemacht, teilweise hab ich sogar Tüllkleider im Sissi-Look aus Blattgelatine zugeschnitten ;-)

‹Heidrun› writes:

Ah ja! Die hab ich geliebt! Obwohl man ja überhaupt nix damit hat anfangen können :-) Designed müssen die schon in den 50ern oder 60ern worden sein …

‹Mandy› writes:

View Master – stereoskopische Bildbetrachter – die Bilder wurden auf Scheiben geliefert, zwei Bilder im Augenabstand genommen ergaben ein perfektes 3D-Bild. Meine Mutter hatte einen aus den USA bekommen und ich war absolut fasziniert davon.

‹Harald› writes:

Jaaa!!! Hab ich noch. Mit Disney-Filmscheiben und seltsamen italienischen Tourismus-Bildern! (Hab es auf einem italienischen Kreuzfahrtschiff bekommen). Ich hab _Jahre_ gebraucht, um draufzukommen, daß das Besondere der 3D-Effekt war …

‹Fred› writes:

Da gab's auch noch **Slime**, in grün und auch in rosa, mit Würmern, das ich immer haben wollte, aber die Mama nicht erlaubt hat, weil sie glaubte, das geht aus dem Gwand nicht mehr raus … was hab ich gelitten! Ich hab NIE eins bekommen :-(

‹Sue› writes:

Slime war ganz kurze Zeit superwichtig, da _mußte_ man das unbedingt haben, aber der Reiz war bald einmal dahin … Ich hab's mir damals nur ausgeborgt, zum einmal zwischen-den-Fingern-durchrinnen-lassen ;-) Nachfolgeprodukte gibt es heute noch. Kindern gfallt sowas eben. Heute müssen die Produzenten allerdings bereits fluoreszierende Farben und Glitter verwenden, um mit einem nicht-elektronischen Spielzeug die Aufmerksamkeit der Kinder überhaupt zu erreichen …

‹Harald› writes:

Hatten wir **Fischer Technik** schon?

‹neuwinger› writes:

Nö, hatten wir noch nicht – und **Matador** auch nicht. Ich hab mit dem Zeug Rollschuhe gebaut, weil sich meine Eltern geweigert hatten, mir richtige zu kaufen – eine Entscheidung, die sie sehr schnell revidiert haben, als ich das erste Mal mit meinen Vollholzrollern auf öffentlichen Straßen unterwegs war – und, was soll ich sagen? Sie haben gehalten!!! Im Matadorgeschäft auf der Mariahilferstraße ist ja jetzt der Softwaredschungel … nicht, daß ich was gegen den Dschungel hätte, aber … *seufz*

‹Bernd› writes:

Wenn meine Eltern es eilig hatten, haben wir vorher die Straßenseite gewechselt, weil ich vom Matadorgeschäft nicht mehr rauszubekommen war :-)))

‹Carlos› writes:

In den Kaugummiautomaten warteten (neben steinharten Kaugummikugeln) auch ganz begehrenswerte Dinge zum Spielen. In den Automaten mit den riesengroßen Kugeln um 5 Schilling waren diese treuherzig blickenden **Wurli-Würmer** aus Plüsch drin! Die konnte man an der Nase herumführen, sprich: an einem kaum sichtbaren Nylonfaden zwischen den Fingern durchziehen … :-)

‹Stefan› writes:

Wurli-Wurm lebt! Wer möchte, kann diverse Prachtexemplare am Wiener Christkindlmarkt erstehen.

‹Sue› writes:

Die schwarzhäutige **Barbie** war auch neu in den Siebzigern. Mein Traum wäre – ich glaube 1976 – die **Superstar-Barbie** gewesen. Die hatte ein bodenlanges rosa Kleid an, eine ebenso rosafarbene Federboa um den Hals und, das war die Attraktion: «Diamant»-Ohrringe und einen dazu passenden Ring! Oder die Ballerina-Barbie: kurzes Tüllröckchen mit goldenem Saum und ein goldenes Krönchen in der Aufsteckfrisur ... Die hätt ich noch immer gern ...

‹Heidrun› writes:
Hattet ihr auch eine **Schlummerle**? Eine Babypuppe mit weichem Stoffbauch. Meine war eine ‹politically incorrect› **Negerpuppe** ‹/politically incorrect›

‹Sue› writes:
Eine Negerpuppe, natürlich! Hatte ich auch. Von Schildkröt. Negerpuppen waren damals plötzlich ganz gefragt bei den Kindern. Meine heißt Esmeralda und ich hab sie noch immer.

‹Bine› writes:
Und ich hab noch meine Schlummerle! Sie heißt Elisabeth und kann «Mama» und solche Sachen sagen, wenn man sie auf den Bauch legt.

‹Sue› writes:
Eine ganz frühe Puppe von mir, aus Babytagen, war ein Stehaufmännchen, dessen Körper aus einer großen roten Kugel bestand mit einem ebenfalls kugelförmigen Kopf, gehüllt in eine rote Kapuze. Beim Anschubsen schaukelte die Puppe und ein im Bauch verborgenes Glöckchen bimmelte leise. Kostet heute am Flohmarkt sechshundert Schilling, auch wenn die aufgemalten Pausbäckchen schon ordentlich abgewetzt sind.

‹Carlos› writes:
Was war das bloß: Zwei Seile mit Haltegriffen an den Enden, dazwischen ein Plastik-Ei aufgefädelt, und wenn man die Seilenden auseinanderzog, raste das Ei auf den anderen zu, der riß seine Arme auseinander und schickte das Ding damit wieder zurück ...?????

‹Harald› writes:

Hatte ich / habe ich noch immer! Das hieß **Vrooom**! Meines ist giftgrün und leicht fluoreszierend.

‹a:R› writes:

Das habe ich mit der Nachbarstochter stundenlang im Hof gespielt … vööölig sinnlos, aber superlustig.

‹Bine› writes:

Oder diese Stanitzel aus Plastik, mit einem Oberteil ähnlich einem Körberl (also Löcher im Plastik), und im Stiel ein gespanntes Metallplättchen eingebaut, das man per Tastendruck durchbiegen konnte und damit einen Ball aus dem Körberl schleudern und wieder auffangen konnte … Wie hat denn das wirklich geheißen? *neugier*

‹Sue› writes:

Fangball heißt das. Und ist immer noch in allen Spielwarengeschäften zu haben.

‹Uli› writes:

Klick-Klack – für das war ich immer zu ungeschickt.

‹Harald› writes:

Bei mir ging es immer so zehn bis zwanzig Mal und dann VOLLE Wäsche aufs Handgelenk! Au!

‹Carlos› writes:

Diese zwei schweren Kugeln an zwei Fäden zum Zusammenschlagen? Das wollt ich unbedingt haben! Ich hab nicht gewußt wie es heißt und es immer «Kirschen» genannt.

‹**Bine**› **writes:**

Die **Autorennbahnen** waren super! Und sooo gerne hätt ich eine Garage gehabt mit Tankstelle für meine 13 **Matchbox** Flitzer.

‹**Heidrun**› **writes:**

Autorennbahnen: meistens in Achter-Form, mit einer Fahrbahn aus schwarzem Plastik und Elektroantrieb, irgendwie hat das mit der Stromübertragung auf die Fahrzeuge nie so richtig funktioniert, bzw. nicht sehr lange ... Und dann hat es noch eine orange Rennbahn gegeben, auf die Matchboxautos gepaßt haben. Die einzelnen, flexiblen Fahrbahnelemente konnte man mit grünen Zwischenstücken zusammensetzen und ein Looping war dabei und eine Abschußrampe, wo man die Autos mit einer Feder wegschnepfen konnte. Wenn man die Fahrbahn zu sehr gebogen hat, sind die Autos aus der Kurve rausgeflogen :-)

‹**Harald**› **writes:**

Hier irrt die Fachfrau! Die orangen Schienen gehörten zum System «Hot Wheels» von Mattel, deren Autos und Schienen leicht von der Größe der Matchboxautos abwichen. Das unabhängige Matchbox-System hatte _gelbe_ Schienen und wesentlich mehr special features: Beschleuniger, Abschußrampen, einen Auto-Turm mit Lift ... Das mit dem Looping und so stimmt natürlich alles. Später kamen die «Darda» Autos hinzu, die einen eigenen Aufziehmotor eingebaut hatten und ziemlich flitzten. Für die gab's dann Multi-Loopingbahnen. Gschamster Diener!

‹**neuwinger**› **writes:**

Die Darda-Autos waren viiiiel besser, die brauchten keine schnöde Abschußrampe, sondern nach hinten ziehen – auslassen – geht schon! Wir haben dann unglaubliche Rennen veranstaltet, ein besonderer Vorteil war, daß es unterschiedlich gute Motoren gab und jeder Aufbau auf jede Bodenplatte paßte, so daß man Motoren und Aufbauten unabhängig tauschen konnte. Ich hatte da einen Porsche beieinander, kann ich euch sagen … außerdem waren die Bahnen auch viel besser, da gab's nicht nur Loopings, sondern auch Spiralen, Sprungschanzen und was weiß ich noch alles …

‹Bine› writes:

Eine **elektrische Eisenbahn** hätt ich auch lieber gehabt als den Barbie-Verschnitt mit dem eindrückbaren Superbusen … Hm, scheinen tiefsitzende Kindheitsschäden zu sein. Vielleicht brauch i a Therapie?!

‹Sue› writes:

Ich war dagegen ganz geschlechterrollenkonform mit meinen Wünschen ;-) Ich wollt immer eine dieser supertollen Miniatur-**Puppenküchen** aus Blech, wo man das Backrohr richtig beheizen konnte und in den Boiler Wasser einfüllen, das dann aus dem Wasserhahn in das winzige Spülbecken lief …

‹ULLI› writes:

Ich hatte nur eine Spielzeug-Waschmaschine, ca. 15 cm hoch, mit Kurbel auf der Seite, und bei Überdosierung des Waschmittels (was eigentlich immer der Fall war) ist aus allen Ritzen und Öffnungen Schaum gequollen. Naja, die Oma – bei der dieses Wunderding stand – hat es mit Fassung getragen.

‹Uli› writes:

Diese Blechpuppenküche hab ich schon gehabt. Da hat's so kleine Würfelchen gegeben, die man in die Herdmulden geben konnte und anzünden – darüber ein Topf, wo Wasser drin war, und das hat wirklich gekocht! Und das Wasser im Durchlauferhitzer und so, das war ja ganz toll, nur nach ein paar Mal war es auch nicht mehr so interessant. Mit Puppen hab ich sonst auch kaum gespielt – meine Entwicklung ging wohl nicht in Richtung «brave Hausfrau» ;-)
Die traurige Nachricht: Irgendwann nachdem ich ausgezogen bin, hat meine

Mutter eine ganze Kiste **Lego** (die war wirklich groß!) und auch diese Puppenküche hergeschenkt. Bin immer noch traurig, besonders wegen dem Lego.

5

‹Sue› writes:
Damals war das Lego noch ohne Maxerln. Mein ganzer Stolz war ein Küchenkasterl-Element (mit Türchen!), meine rotgerahmten Fenster und meine Gartenzäune. Ich war immer fleißig am Hausbauen. Gern hab ich auch Gefängnisse für Wespen gemacht und dann durch die Fenster zugeschaut, wie die da drin gegen die Wand donnern. Heute gibt's schon mehr Sonderelemente als Grundsteine!

‹Heidrun› writes:
Ganz normale Steine (rot, vier mal zwei Knöpfe) kriegt man ja kaum mehr!

‹Carlos› writes:
Die 6er-Steine hab ich kaum verwendet. Die fand ich überflüssig.

‹Sue› writes:
Und ausgerechnet von denen hatte ich leider ganz viele!

‹Elli› writes:
Ich mochte am liebsten die quadratischen 4er – die paßten immer und überall. Die 6er störten beim Hausbauen, wenn man in die Ecke kam.

6

7

‹a:R› writes:

Lego brachte in den 70ern die dreiteiligen, roten Boote mit Kiel heraus! Und dem Motor für diverse Fahrzeuge. Ja, und die Eisenbahn hatte noch blaue Schienen, die ziemlich schlecht gehalten haben …

‹Carlos› writes:

Ich bekam keine ordentlichen Schienenstrecken zustande – bei mir paßte der Anfang nie mit dem Ende zusammen.

‹Sue› writes:

Noppers ist auch ein Konstruktionsspielzeug, das in den Siebzigern üblich war: Bunte Plastikklötzchen in gelb, grün, rot und blau, alle Flächen waren mit Stacheln versehen, so daß man die Klötzchen zusammenkletten konnte. Heute kugelt manchmal noch vereinzelt eines in einem Wartezimmer herum. Von der Genialität der Legosteine waren die Noppers natürlich Lichtjahre entfernt. Und dann gab es noch die runden Plastikplättchen, die rundherum Schlitze eingeschnitten hatten, an denen man sie in einem Winkel von 90 Grad ineinanderstecken konnte. In der Mitte war ein kleines Loch … das hat aber nix hergegeben beim Spielen, finde ich. Wißt ihr, was ich meine?

8

‹Heidrun› writes:
Ja! Ziemlich klein und dünn? Und: Könnt ihr euch noch an die Kaleidoskope erinnern, mit den Spiegeln drin und den bunten Glassteinchen? Die habe ich geliebt!

‹Monika› writes:
Ja, das hat immer so schön geglitzert …

‹Sue› writes:
Das gefällt wohl jedem Kind ;-) Ich glaube, das gibt es schon seit hundert Jahren. Was mir noch eingefallen ist: Ich hatte einen großen, luftgefüllten **Hüpfball**. Orange, mit einem schwarzen, aufgemalten Tiergesicht, und an den zwei Hörnern konnte man sich festhalten und halb sitzend, halb hüpfend durch die Wohnung springen. Da ist damals ein Wunschtraum in Erfüllung gegangen, als ich den bekommen hab. :-)

‹Heidrun› writes:
Ah ja, genau! Ich hatte auch einen orangen, und meiner hatte einen Haltebügel, was den großen Vorteil hatte, daß man noch viel höher hüpfen konnte, ohne Gefahr zu laufen, den Halt zu verlieren.

‹Bine› writes:
Gottchen, ich beneide euch urigst. Wieder so ein Ding, das ich nie gekriegt hab …

‹neuwinger› writes:
Dieser Dinger hießen Humpty Dumpty, wenn ich mich recht erinnere.

‹Silvio› writes:
Ich hatte ein **Klapprad**. Orange-metallic. Ein Produkt der automobilen 60er Jahre, nicht wirklich praktisch, weil selbst hätt ich das erst viel später zusammenbauen können. Der wesentliche Vorteil von Klapprädern ist meiner Meinung nach, daß sie durchwegs Damenräder sind und man(n) sich beim Auf- und Absteigen nicht anhaut. Die Spezies dürfte mit der BMX-Welle ausgestorben sein, obwohl ich damals genausogut über Buckel und im Gatsch hab radeln können und es auch vorne aufgestellt hab.

‹Bine› writes:
Meins war rot und hat mir zu einem heute noch sehr verunstalteten rechten Knie verholfen.

‹mrd› writes:
Und ich bin froh, daß Opa mir damals ein Puch Clubman gekauft hat! Ich erinnere mich an einige Klapprad-Unfallopfer und Opa war um meine Sicherheit besorgt. Ausstattung: Fahrradkorb für den Gepäckträger. Ein paar Jahre später ließ mir Opa dann sogar eine Dreigangschaltung nachträglich einbauen, auf daß ich mit den anderen besser mithalten konnte.

‹Sue› writes:
Das Puch Clubman spielte preismäßig, glaube ich, in einer ganz anderen Liga als das Klapprad. Letzteres hatte ich auch, in bronze (oder doch grün-metallic?). Ich wiederum hab mir ja – wie alle Kinder bei uns im Hof – einen **High**

Riser gewünscht. Einige wenige hatten sowas, stilecht mit Fuchsschwanz an der Lehne, oder zumindest einem Wimpel. Und in den hinteren Speichen eine Quartettkarte, mit Kluppe befestigt, um ein Motorradgeräusch zu imitieren …

‹mrd› writes:

Den High Riser bekamen bei uns ausschließlich Buben …

‹Sue› writes:

Keine Frage. Die wenigen Besitzer eines High Riser, die ich kannte, waren natürlich auch alles Buben.

‹Hermann› writes:

High Riser fahren! Genau! Pfooh, war das geil. Ich hatte einen gelben mit urbreiter Lenkung und Dreigang-Knüppelschaltung. Habe ich aufgemotzt mit Blinkern und Rückspiegeln auf beiden Seiten, hat ausgschaut wie eine Harley zum Treten! Und der irrsinnig lange Sattel, auf dem noch eine zweite Person Platz hatte. Also meiner war mit Sicherheit das geilste Gerät im ganzen Schweizerpark und Arsenal. Ich glaube, der High Riser hat nicht nur bei mir, sondern auch im Trend das Klappradl abgelöst.

‹Heidrun› writes:

Übrigens, könnt's Euch noch an die **Go-Karts** zum Treten erinnern? Ich war schon als Kind ziemlich groß und hab zu den Zeiten, wo's mich interessiert hätt, nimmer reingepaßt, die Knie waren immer irgendwie im Weg …

‹Sue› writes:

Dasselbe Problem hatte ich. Ungemütliches Ding. Aber den **Tretroller** von der Nachbarstochter, den hab ich geliebt! Rot lackiert, mit breiten hellgrauen Reifen, sogar mit Handbremse, und – das war der Hit! – einem Gepäckträger!!!! Und ich durfte ganz oft damit fahren :-)))))

‹Heidrun› writes:

Ein Spielzeug fällt mir noch ein: Eine bunt bedruckte Plastikplatte, mit großflächigen Flecken in allen Farben, über die eine Folie gelegt wurde, zwischen Platte und Folie war eine dünne Schicht einer zähen, schwarzen Flüssigkeit. Mit einem Plastikgriffel konnte man auf der Folie zeichnen, das heißt, die Flüssigkeit wegdrücken, und mit der breiten Seite des Griffels wieder löschen, also die Flüssigkeit wieder gleichmäßig verteilen. Genial!

‹Harald› writes:

Stimmt. Hatte ich auch. Und dann ging es kaputt und die schwarze Masse ist rausgequollen ... Danke für diese Erinnerung! Weiters gab es noch die Wunderblocks (zeichnen – abziehen – leer!). Und dann die mit dem Magnetstift, der so Metallstaub anzieht. (Hab ich seit kurzem wieder!) Tjaja :-)

‹Sue› writes:

Diese Zauberblocks gab es bei uns gelegentlich in der **Wundertüte**. Das war der begehrteste Gewinn. Überhaupt waren Wundertüten für mich etwas Magisches. Die wurden mittlerweile anscheinend von den Überraschungseiern verdrängt. Damals gab es bei uns gelbe Wundertüten, mit einer schwarzen Katze («Katze im Sack» stand drauf), und später gab es die normalen Wundertüten, aber streng getrennt für Buben und für Mädchen! Außer dem Zauberblock habe ich auch immer auf so einen kleinen Blechfrosch gehofft, der auf der Unterseite ein Metallblättchen hatte, das beim Durchbiegen laut geknackt hat. Mit dem Geräusch konnte man Erwachsene ganz leicht aus der Fassung bringen ;-)

‹Harald› writes:

LÜK Kästen! Ist mir gerade wie der Teufel eingeschossen. Und dann gab es noch diese elektrischen Quizsteckspiele, wo ein Lamperl geleuchtet hat, wenn man die Frage richtig beantwortet hat!!!

‹neuwinger› writes:
Hieß das nicht **Elexikon**?

‹Elli› writes:
Ja, und manche hießen auch **Elektro-Kontakt**.

‹Nic› writes:
Jaaaa! Die waren supi!!! Hab ich geliebt!

‹Uli› writes:
Die gibt es immer noch. War mir aber damals schon zu blöd – nach einer Karte (oder zwei, oder drei) war ja klar, welche Kontakte zusammen Licht ergeben … Lernen hab ich damit nichts können, außer mir zu merken, wo die jeweils richtigen Kontakte waren …

‹Hermann› writes:
Die waren entsetzlicher Schrott. Eben wegen dieser Platine dahinter, die alle Fragen und Antworten nach dem immer gleichen Schema verkoppelt hat. Nach spätestens fünfmal Spielen wußte man wirklich auswendig, wo die richtige Frage zur Antwort zu finden ist!

‹Nic› writes:
Genau! Das war ja das Großartige daran!!!!

‹Sue› writes:
Hm. Beim LÜK Kasten konnte man auch schummeln. Indem man nämlich die Plättchen umdrehte und einfach das gefragte Muster zusammensetzte, anstatt die Rechnungen / Rechtschreibtests durchzuführen … Aber das gibt keine rechte Befriedigung. Eine wahre Grübelei waren dagegen diese Holzwürfel-Puzzles, wo jede Fläche mit einer anderen, grindigen, abgewetzten, pastellfarbenen Märchendarstellung beklebt war. Weil alle sechs Mär-

chen, die man aus den Würfelflächen legen konnte, in den selben Farben gehalten war, mußt man schon sehr genau schauen.

‹Nic› writes:
Mon-Chi-Chi Äffchen – kennt die noch wer? Hab ich geliebt. Die haben immer Daumen gelutscht und meine Oma hat mir urigst viel Gwand für meinen gehäkelt :o)

‹neuwinger› writes:
Boaaaah, waren die eklig niedlich (ich hatte einen weißen ...) 80)

‹Batesman› writes:
Hatte von Donauland den riesengroßen Mon-Chi-Chi (60 oder 70 cm) und noch zwei Dutzend andere ... feine Sache, irgendwie ...

‹PowerFox› writes:
Ich liebe und habe sie immer noch 8-)))) Auch wenn ich's freiwillig nicht mal herzeig. Nuckelnuckel, kleiner Chi-Chi ;-)

‹Maus› writes:
schnüff Ich will wieder einen Mon-Chi-Chi haben – weil es erstens eine wunderschöne Kindheitserinnerung ist, diese süßen Sommersprossen, und zweitens, weil mich immer alle so genannt haben! Hat irgendwer noch einen, den er mir verkaufen würde??? Will haben!!!

‹Sue› writes:
Die ganz normalen Daumenlutscher mit braunem Fell gibt es nach wie vor beim Spielwarenhändler. In meiner Klasse waren allerdings mehr die ganz kleinen angesagt, die man sich auf den Kragen der Jeansjacke (**Jeansjacke** – das war coooooool damals!) geklemmt hat. Nach meinen Berechnungen müßte das Anfang der Achtziger gewesen sein. Was mir auch sehr gut gefallen hat:

Flämmchen, ein wenige Zentimeter großes Babypüppchen, das in einer Streichholzschachtel schlief :-)

‹Nic› writes:

Fang den Hut – kann sich wer an das Spiel erinnern?

‹neuwinger› writes:

Gnnnn! Weißt du, was du mir damit angetan hast? Weißt du, was ich jetzt den restlichen Tag singen werde müssen? Faaaaaaang das Liiiiiiicht / Haaaalt äääs fääääääst / füüüüüür deeeeen Taaaaag / aaaan deeeeem diiieeee Hoooooffnung diiiich verläääääßt ...

‹Hermann› writes:

Mir fallen zu ‹Fang den Hut» zwei Spiele ein: Eines, bei dem man vermittels einer als Schleuder genutzten Wippe ein Hütchen in verschiedenwertige Zielfelder schleudern mußte, und zwar derart, daß das Hütchen mit der Spitze voran im entsprechenden Loch steckenblieb. Leider nur für Personen mit hochsensibler Feinmotorik, ergo nix füa mi.
Das zweite Spiel, das möglicherweise unter diesem Titel geführt wurde, war ein Brettspiel. Dabei galt es, würfelnderweise mit seinem Hütchen im Kreis zu fahren und dabei die Hütchen des Gegners zu kassieren – wahrscheinlich, indem man auf ein bereits besetztes Feld fährt.

‹Sue› writes:

Das erste Spiel hieß irgendwie anders. Hütchen-hüpf oder Kipp-den-Hut oder so ;-) War sehr instabil, dieses Löcherfeld aus Karton.

‹Bine› writes:

Jaaa, bitte – bitte – des hab i ghabt ... und bis zur Selbstaufopferung gespielt ... jaja. *und hopp*

‹Silvio› writes:

Beim Brettspiel fährt man nicht im Kreis, sondern in jede beliebige Richtung, und zwar auf einem Spielfeld in Form eines Rades mit vier, respektive sechs Speichen (Vorder- und Rückseite für 2 bis 4 SpielerInnen bzw. 5–6 SpielerInnen). Alle sechs Felder – das heißt, an den Kreuzungen und genau dazwischen – ist ein graues Feld, auf dem man nicht einkassiert werden kann.

‹ULLI› writes:

Wenn man ein Hütchen erwischt, darf man draufhüpfen! Und je mehr man kassiert, desto höher und bunter wird der Hütchenturm.

‹Monika› writes:

Oder könnt's euch noch an das allseits beliebte **Malefiz** erinnern, bei dem man Barrikaden bauen mußte, damit der Gegner nicht weiterkam? Das nannten sie in der Werbung ein «Familienspiel», und in der Tat war es ziemlich gehässig.

‹Nic› writes:

Au ja! Diese wohlplazierten, kleinen weißen Stolper-Steinchen kurz vorm Ziel … die hatten's in sich! *schmutzig-grins-und-Hände-reib*

‹Dagmar› writes:

Der **Rubic-Würfel** – wer hat den nicht gehabt??? Hat jemand noch die Lösung? Bis zum zweiten Kranzl schaff ich es noch mit geschlossenen Augen. Mein Rekord war etwa 50 Sekunden!

‹Sue› writes:

Die Lösung kursierte bei uns in Form von kopierten Anleitungen. Die hab ich nicht mehr, aber meine Hände können das noch. Ganz automatisch. Ich muß nur zuschauen ;-)

‹Hermann› writes:
Ist da eigentlich wer von euch selber draufgekommen, wie's geht?

‹ULLI› writes:
Ich nicht, aber mein Vater. Und dessen Version kann ich noch immer. Aber auch nur in den Händen. Großes Lob meinem Papa!

‹Carlos› writes:
Zu der Zeit kamen auch prahistorische Gameboyspiele auf namens **Tric-O-Tronic**. Das hatten viele bei uns. Besonders beliebt war das Spiel **Donkey Kong**. Ich hab diese typischen Geräusche noch heut im Ohr. Oder die ersten Videospiele – wir hatten ein ganz simples Tennisspiel für den Fernseher. Zwei Balken, ein Ball. Und die Geschwindigkeit konnte man wählen.

‹neuwinger› writes:
Das Ding hieß **Pong**.

‹Sue› writes:
Ja, das hatten wir auch. Große Aufregung, als es ins Haus kam, aber dann wurde es bald nicht mehr beachtet.

‹Harald› writes:
Jetzt muß ich auch einmal eine traurige Geschichte à la «nie hab ich Rollschuhe / eine Luftmatratze etc. bekommen» loswerden. Ich hab mich als Kind irrsinnig für Chemie interessiert und mir unbedingt einen dieser tollen Kosmos Chemiekästen gewünscht! Denn ich wollte kleine Feuerwerke erzeugen, Kristalle züchten und was es da Spannendes mehr gab in den Kosmos-Kästen! Nach (zu) langer Zeit habe ich dann einen **Chemiekasten** bekommen. Marke Ostblock. No name. No fun. «Tauchen Sie das Lackmuspapier in Phiole 1. Danach tauchen Sie das Lackmuspapier in Phiole 2. Die Verfärbung weist auf einen Anteil von Blabla in Blabla hin.» GÄÄÄÄHHHHN!!! Nach

kürzester Zeit hab ich das Ding nie mehr angerührt. Was natürlich meine Eltern in ihrer Meinung bestätigt hat, mir keinen teuren Chemiekasten zu kaufen, weil «der Bub ja sowieso immer gleich an allem das Interesse verliert». Ha!

‹Hermann› writes:

Ich hab so einen ganz tollen Chemiekasten gehabt. Hat auch nix genutzt. Weil erstens bin ich wider Erwarten noch immer nicht Nobelpreisträger, aber was das viiiel größere Problem bei der Sache war, war die Tatsache, daß die Reagenzgläser nach relativ kurzer Zeit zersprungen sind und meine Eltern meinten, die einmalige Anschaffung eines Chemiekastens hätte sie bis in alle Zukunft vor dem Erwerb weiterer Utensilien befreit. Na schön, nach einer Ewigkeit hab ich dann die Anschaffung neuer Glaseln durchgesetzt. Aber dann gingen die Chemikalien zur Neige! Und erklär mal deiner Mutter, du brauchst ganz dringend Natriumdiphosphingglyzerinphosphattrimorphium mit Soda …

‹Dagmar› writes:

Oh Mann!! Das kommt mir bekannt vor!! In meinem Chemiekasten gab es auch noch drei kleine leere Fläschchen. Daneben ein Zettel, daß hier diverse Säuren reingehören, die ich mir allerdings in der Apotheke besorgen muß. Was soll ich sagen – ihr könnt euch ja denken, was meine Mutter gesagt hat: Njet. Ich habe mich eine Zeit lang darauf beschränkt, mit den Eisenspänen Linien zu ziehen und mit dem Magnet Muster zu machen, bzw. mit dem hellblauen Pulver unsichtbare Tinte zu erzeugen, die durch Zitronensaft sichtbar wird.

‹Silvio› writes:

Das hellblaue Pulver ist Kupfervitriol (=CuSO4)

‹Sue› writes:
Ein anderer Trick für Geheimtinte war, den Saft einer Kartoffel auszupressen und damit zu schreiben. Unter Erhitzung im Backrohr bräunt sich die Schrift dann und wird lesbar. Bei mir ist dieser Versuch daran gescheitert, daß ich nicht wußte, wie ich eine Kartoffel auspressen sollte …

Daher bin ich zu Loch-Raster-Geheimschriften übergegangen. Meine Freundin, der Partner-Spion, hatte denselben Raster und konnte so aus einem Buchstabensalat die richtigen Wörter rauslesen. Was war das spannend! Nur: wir hatten nie Feinde, vor denen wir etwas verbergen hätten können!

‹Stefan› writes:
Man kann ja nie wissen – das Böse ist immer und überall! (© by Erste Allgemeine Verunsicherung). Unser Problem war eher: Was schreibe ich eigentlich!

‹Georgie› writes:
Hat von euch Nachwuchs- und Jungdetektiven jemand das probiert: Mit Zitronensaft schreiben und über der Kerze sichtbar machen? Das kam doch in einem Enid-Blyton-Buch vor, aber die **Fünf Freunde** waren es nicht.

‹Dagmar› writes:
Klar! Am besten ist es mit einem Bügeleisen gegangen, allerdings war das Geschriebene immer unleserlich, weil wir so gepatzt haben! Ich habe in der 3. Klasse Volksschule auch mal meine **Geha**-Feder (gibt's die noch?) versaut, weil ich hinten, wo sonst die Tinte reinkommt, Zitronensaft reingeträufelt habe. Naja, vielleicht hätte ich vorher das Fruchtfleisch wegtun sollen. Auf jeden Fall war danach alles völlig verpickt.

‹Sue› writes:
Detektiv spielen war neben Lager bauen eines jener Lieblingsspiele, für die man nicht groß was an Spielzeug brauchte. Wir haben auch oft diese typischen Hofspiele gemacht, wie «Der Kaiser schickt Soldaten aus» und «Versteinern und Erlösen» und so.

‹Harald› writes:
Mein Lieblingsspiel war folgendes: Einer steht mit dem Rücken zu allen anderen und sagt ein Sprücherl auf, schnell oder langsam. Beim letzten Wort dreht er sich abrupt um. Die anderen, die inzwischen versucht haben, näher zu kommen, müssen wie versteinert stehenbleiben. Wer noch wackelt oder geht, muß zurück zum Start. Das geht so weiter, bis einer den verkehrt Stehenden berührt und ablöst. Das war genial! Wenn du der Sprecher warst, hat das für dich ausgesehen, als ob eine Horde Statuen immer näher käme! Leider weiß ich den Spruch nimmer – wer kennt das?

‹miha› writes:
Bei uns in Bregenz hieß das «Ochs am Berg».

‹Carlos› writes:
«Donnerwetter Blitz» hieß das bei uns.

‹Sue› writes:
Ganz ähnlich bei uns: «Es regnet, es regnet, es donnert, es blitzt!» lautete einer der Sprüche. Ein anderer: «Zimmer, Küche, Kabinett – hinterm Ofen steht ein Bett!»

‹Harald› writes:
Ah, danke! Bei uns war es auch «Zimmer, Küche, Kabinett» – aber ohne Bett.

‹Gerda› writes:
Und wenn wer gewackelt hat, mußte er an den Anfang, und da gab es immer Streit ob er gewackelt hat oder nicht! Und irgendwo gab es auch die Regel, bei der du den einen oder anderen näherkommen lassen durftest, zum Beispiel um «drei Kochlöffel», das waren dann drei gesprungene Drehungen um die eigene Achse …

‹Sue› writes:
Dieses Spiel war bei uns das erwähnte «Der Kaiser schickt Soldaten aus». Der Kaiser rief: «Der Kaiser schickt Soldaten aus und schickt dabei den … Kurti … aus!» Und darauf der Kurti: «Kaiser, wie weit darf ich reisen?» Und je nachdem, ob er einen «Flohhupfer» oder drei «Elefantenschritte» machen durfte, konnte sich der Kurti ausrechnen, wie beliebt er beim jeweiligen Kaiser war … der beste Freund / die beste Freundin legte dann logischerweise den Weg in kürzester Zeit zurück und damit war das Spiel total vorhersehbar. Kinder sind halt unfair, gemein und verbündlerisch ;-)

‹Heidrun› writes:
Genau, und das hat schon damals meinem Gerechtigkeitsgefühl zutiefst widersprochen!

‹miha› writes:
Bei uns fragte man: «Kaiser, wieviel Schritte darf ich tun?» Der Kaiser antwortete dann die Anzahl und Art der Schritte, z. B. «sieben Hennetäpple» oder «drei Ausfallschritte» usw. Wer gewonnen hatte, war der neue Kaiser.

‹Hene› writes:
«Mutter, wie weit darf ich wandern» ist ein Spiel, das so ähnlich geht … aber doch auch wieder anders!!!

‹Sue› writes:
An den Namen und Sprüchen der Spiele merkt man teilweise, daß die sicher schon von unseren Urgroßeltern erfunden wurden. Ein paar Klassiker sind aber dabei, die werden heute noch im Pausenhof oder bei den Pfadfindern etc. gespielt.

‹Harald› writes:
Genial ist nach wie vor «Stille Post».

‹Dagmar› writes:
Oh je! Ich werde alt! Ich kann mich zwar noch an unzählige Spiele erinnern, aber wie sie gegangen sind, weiß ich nicht mehr. Wie war das? Einer steht vor der Gruppe und sagt irgendein Sprücherl auf, irgendwas «wieviele Schritte darf ich machen» und muß noch eine Bedingung erfüllen, z. B. etwas Rotes anhaben. Wer als erste vorne war, hat gewonnen!

‹Sue› writes:
Maybe meinst du «Wassermann-mit-welcher-Farbe-dürfen-wir-hinüberziehen?» Das ruft die Gruppe im Chor. Der Wassermann sagt dann etwa: «Blau!» und alle Kinder, die etwas Blaues anhaben, dürfen an das andere Ufer laufen. Der Wassermann rennt ihnen entgegen und fängt einen neuen Wassermann. Erwischt er keinen, muß er nochmal den Wassermann spielen.

‹Dagmar› writes:
Und Tempelhupfen! Das war toll! Die Nachbarn haben sich immer furchtbar über unsere Kreidezeichnungen aufgeregt. Ich werde heute eine schlaflose Nacht haben, weil ich über die vielen vergessenen Spiele nachdenken werde!

‹Heidrun› writes:
Da fällt mir was ein: **Gummihüpfen**! «Rucki Zucki / Donald Ducki / Micky Mausi / eini aussi» … Sonst fallen mir keine Sprüche mehr ein, mein Gum-

mihupftalent war auch äußerst beschränkt :-) Ich hab meist zu den Statistinnen (Gummihalterinnen?) gehört.

‹Sue› writes:

Gummihupfen – ja natürlich! Das haben wir wie die Besessenen gespielt! Wer den schönsten, weißesten, weichsten und längsten Gummi hatte, war die Chefin. Mit dreckigen, kurzen und ausgeleierten Gummis hast dich brausen können. In der «Ersten», der ersten Position in Knöchelhöhe nämlich, waren die Sprünge am leichtesten. Dann kam «Zweite» oder «Knie» und dann «Dritte» bzw. «Oberschenkel». Ganz Irre haben noch höher hinauf gespielt. Dann gab es noch eine Verschärfung: «Badewanne». Die Statistinnen (danke, Heidrun, für diesen Begriff!!!!) grätschten die Beine so weit es nur ging und dadurch wurde das Gummikarree in der Knöchelposition ziemlich weit. Die Variante «eng» – mit geschlossenen Beinen – war noch heikler. Wer einen Fehler machte, wurde abgelöst. Unsere Lehrerinnen haben immer gemeckert, wir ruinierten uns damit die Sprunggelenke – so ein Käse.

‹Nic› writes:

Ich war ja eine völlige Null im Gummihupfen!

‹Sue› writes:

«Die Wissenschaft / hat festgestellt / daß Coca Cola / Gift enthält». War auch so ein intelligenter Spruch. Manchmal haben wir aber, glaube ich, bloß die Anleitungen runtergeleiert: «Seite Seite Mitte raus, Seite Seite Mitte raus» etc.

‹Heidrun› writes:

Ja, alles was über Kniehöhe hinausgegangen ist, war ein Horror, und die Dinge, wo man den Gummi nicht berühren durfte, oder die, wo die Statistinnen den Gummi um nur ein Bein hatten, auch. Und dann gab es Sprüche, da mußte man am Gummi stehen, eine halbe Drehung machen und wieder am

Gummi landen, widerlich! Wenn man nicht mitgemacht hat, war man totaler Außenseiter.

‹Sue› writes:
Ja, bei «Am dam des» mußte man bei «des», «pres» und «pumpernes» schräg auf den Gummi springen. Das klappte aber nur bis Kniehöhe, meiner Erinnerung nach.

‹Heidrun› writes:
Und erinnert ihr euch an die Spiele, wo man eine endlose Schnur um die Hände gewickelt hatte und der Zweite mußte mit den Händen auf eine bestimmte Art reingreifen und dann hatte er eine andere Figur aus der Schnur in den Händen? Teilweise konnte man die Figuren auch allein lösen. Da gab es verschiedene Formen, ich hab mir nur den Eiffelturm gemerkt. Das war ganz nett, darin war ich besser als im Gummihupfen :-)

‹Sue› writes:
«Abnehmen» heißt das Spiel. Weil einer dem anderen die Schnüre abnimmt. Haben wir auch gespielt – mit Wollfäden aus dem Handarbeitskoffer.

‹neuwinger› writes:
Abnehmen mit Schnüren – laß das bloß nicht das «Journal für die Frau» hören!

‹Nic› writes:
Händeklatsch-Spiele haben wir in der Volksschule dauernd zu zweit gespielt. Auch mit vollkommen sinnentleerten Sprüchen.

‹ULLI› writes:

Raspandri
sala mini sala mani
akkademma
schirilemma
akkademma
schiri lummer lummerle
Kennt das wer? Oder gar die Übersetzung?

‹Sue› writes:

Übersetzung hab ich leider keine anzubieten, aber ich kenn das. Mit ganz kleinen Abweichungen im Text: akka dumba scheri lumba … – dürfte der Lautverschiebung über den Semmering zu verdanken sein ;-))) Aber beim Pfadfinder-Lagerfeuer haben wir immer gaaaanz arge Lieder gesungen. Etwa «Wir lagen vor Madagaskar / und hatten die Pest an Bord / in den Kesseln da faulte das Wasser / und täglich ging einer über Bord …» etc. Dann gab es noch ein Lied mit Eiter und so Sachen … damals fand ich das superlustig, heut graust mir :-)

‹Carlos› writes:

Ich kenn das auch von den Pfadfindern. «In den Straßen fließt der Eiter / der Verkehr geht nicht mehr weiter …»

‹Heidrun› writes:

Meinst du: «Negeraufstand ist in Kuba / Schüsse gellen durch die Nacht / auf den Straßen liegen Leichen / mit den aufgeschlitzten Bäuchen / Umba umba assa …»

‹Carlos› writes:

«Eine Frau sucht nach ihrem Manne / in einer großen Badewanne / doch sie findet nur ein paar Knochen / die noch etwas nach ihm rochen …» Und:

Korrekt heißt es: «In den Flüssen schwimmen Leichen / mit aufgeschlitzten Bäuchen / darin stecken noch die Messer / mit der Aufschrift Menschenfresser ...»

‹Sue› writes:
Unglaublich! Das erkenne ich alles wieder und auch die Melodien dazu fallen mir wieder ein. Wieso hat mir das so gefallen? Wenn mir _das_ nicht geschadet hat, brauch ich meinen Kindern eigentlich net die Brezina-Bücher verbieten ;-)))) Mein Ältester singt ja ganz harmlose verhunzte Lieder wie «Happy birthday to you / Marmelade im Schuh / Aprikosen in der Hosen / happy birthday to you»

‹Gregor› writes:
«Hoch soll er leben / an der Decke kleben / runterfallen, Popschiknallen / ja, so ist das Leben!»

‹Carlos› writes:
Ich erinnere mich noch ganz dunkel an einen ziemlich blöden Spruch, der begann mit «In der Nacht, in der Nacht ...»

‹Michl› writes:
«... wenn der Busenhalter kracht / wenn der Bauch explodiert / kommt ein Baby anspaziert». Wie im Schlaf. Manches bleibt ja doch hängen.

‹Harald› writes:
Bei uns gab es die Variation «... wenn das Höschen explodiert ...». Also eher kryptosexuelle Verklärung als Gebärspruch.

‹Dagmar› writes:
In der Kiste wühl ... «Leise rieselt die Vier / in das Zeugnispapier / hör nur wie lieblich es schallt / wenn Papis Ohrfeige knallt!»

‹Uli› writes:
«Alle meine Entlein / schwimmen im Klosett / wenn man an dem Schnürl zieht / sind sie alle weg»

‹Sue› writes:
Ich kann meine steirische Version anbieten: «Alle meine Entlein / schwimmen im Spinat / rutschen übers Spiegelei / landen im Salat»

‹Bine› writes:
«Schlaf, Kindlein schlaf / dein Vater ist ein Schaf / die Mutter ist ein Trampeltier / was kannst du armes Kind dafür / schlaf, Kindlein schlaf» ... Jaja.

‹Stefan› writes:
Ich möchte zu gern wissen, wie manche Sprüche / Auszählreime bzw. Spottlieder es schaffen, Generationen zu überleben ... gibt es einen globalen (universellen?) Pool an solchen Sachen, die dann an verschiedenen Orten der Erde und zu unterschiedlichsten Zeiten immer wieder neu auftauchen? Sind die Sprüche in einer Art genetischer Gehirn-ROM eingebrannt und werden mit dem jeweiligen Alter aktiviert? Bin für Erklärungen offen ...

‹Sue› writes:
Na, das ist unser kulturelles Erbe, das von einer Generation zur anderen weitergegeben wird! Ich bin sicher, Auszählreime wie «Kugel Kugel rot und du bist tot / Kugel Kugel schwarz / wie heißt dein heißgeliebter Schatz ...» etc. hat schon unsere Großelterngeneration gekannt. Manche Reime verschwinden vielleicht gelegentlich, weil sich die Kinder nicht mehr mit dem Text identifizieren können. Aber ich hab mir zum Beispiel als Kind genau null mal den Kopf zerbrochen, was es mit dem (rassistischen?) Lied «Ist die schwarze Köchin da / nein nein nein / dreimal muß sie ummarschieren / beim vierten Mal den Kopf verlieren ...) auf sich hat.

‹Carlos› writes:

Absingen und Reime hersagen ist, glaube ich, eher Mädchenkram gewesen. Wenn uns in der Schule einmal zu fad war, haben wir uns mit einem Spiel unterhalten, bei dem man auf der letzten Seite im Religionsheft (Bioheft, etc. ...) eine geschwungene Straße zeichnet und mit dem Kuli, den man wie einen Pfeil über das Papier schnepft, Striche macht – einer in Blau, der Sitznachbar in Rot, und wer als erster im Ziel war ...

‹Bine› writes:

Ja ja! Wir haben es aber nicht nur mit Straßen gespielt, sondern auch in Form von einer Art Schifferl versenken, indem du Inseln gezeichnet hast, und Schiffe und dann geschaut hast, die Schiffe des anderen mittels Kuli-Strich-Schuß möglichst zu versenken. Naja, eine Zeit lang war es ganz lustig, aber dem richtigen Schifferl versenken kann es nicht das Wasser reichen.

‹Nic› writes:

Das heißt Punkte abschießen. :o)))

‹Harald› writes:

Stimmt! Dann gab's noch (Anleitungen gekürzt): «Mauseloch» – immer zwei Punkte mit einem Strich verbinden und ein neues Mittelloch machen. «Käsekästchen»: zwei Spieler, zwei Farben. Immer eine Linie des karierten Papiers nachziehen, wer das Quadrat vollmacht, malt es mit seiner Farbe aus. Dann – ? – der eine macht horizontale Striche, der andere vertikale, wer zuerst eine durchgehende Linie hat, gewinnt. «Autorennen» – Kurs aufmalen, starten. Die jeweils zurückgelegte Strecke ist die Grundlage für die nächste Etappe: man kann gleichbleiben, um eins beschleunigen oder abbremsen. Arg bei engen Kurven! Total geniales Spiel mit sehr realistischen Beschleunigungs- / Bremseffekten! Und zum Alleine-Spielen, bei strengen Lehrern oder für Autisten: Pro Minute ein Quadrat ausmalen, bis die Stunde um ist ... zur Not auch Viertelquadrate alle 15 Sekunden ...

‹Bine› writes:

Könnt's euch no an die **Liebe ist ...**-Welle erinnern? Hat wahrscheinlich doch eher die weiblichen unsereiner betroffen / getroffen, oder?

‹Uli› writes:

Ich glaub, ein Briefpapier mit «Liebe ist ...» hat noch überlebt bei meinen Aufräumungsarbeiten ...

‹Sue› writes:

Briefpapier! Auch so etwas zum Stichwort «Mädchenkram». Was ist da bei uns in der Schule nicht alles getauscht und gesammelt worden! Am begehrtesten waren diese gräßlichen blaß-weichzeichner-Pferdefoto-bedruckten Briefpapiere ... *würg*
Meine beste Freundin und ich – Trendsetter, wie wir immer waren – haben Briefpapier selbst gemacht. Gezeichnet, beklebt, und mit Nitroverdünnungsdruck. Kreativ und taschengeldschonend. Manches haben wir sogar _verkauft_!

‹Silvio› writes:

Jolly Kinderfest waren die allerbesten Buntstifte. Die einzigen mit brauchbaren ungedämpften Spektralfarben und breiten, dick auftragenden Minen und nicht splitterndem Zedernholz. Aber über die Bezeichnung «Kinderfest» hab ich sehr, sehr lange gerätselt: Weil die Stifte Kinder vertragen? (Falsch, den Roten hab ich immer zerkaut, um Theaterblut zum Erschrecken Erwachsener zu gewinnen!) Oder weil das Zeichnen mit diesen Stiften für Kinder ein Fest ist?

‹Uli› writes:

Das «K» war so schnörkelig geschrieben, daß ich «Rinderfest» gelesen habe, aber irgendwie hab ich das als Art der Werbung akzeptiert, obwohl keinerlei Zusammenhang gegeben war ... :-)

‹Heidrun› writes:
Jaa! Hihi, ich hab auch immer getüftelt, was das bedeuten könnte. Man konnte sie in der Schachtel nie so ordnen, daß die Farbübergänge genau gepaßt haben, olivgrün z. B. hat nie gscheit dazugepaßt ... Die 36er Schachtel war mein Traum in der Volksschule, die hab ich erst in der 4. Klasse bekommen. Und nach kürzester Zeit war die Blechschachtel so verbogen, daß sie nicht mehr zugeblieben ist ...

‹Hermann› writes:
Stimmt. Die Farbordnung hat eine meiner ersten existentiellen Krisen ausgelöst. Damals glaubte ich noch an eine natürliche, gottgewollte Ordnung der Dinge, z. B. daß sich Jolly-Buntstifte farblich nahtlos überlaufend in ihrer Packung anordnen lassen müssen. Mein vollkommenes Versagen auf diesem Gebiet führte zunächst zu Selbstzweifel meine Intelligenz betreffend. Dann zu der Erkenntnis, daß eine solch harmonische Ordnung, wie ich sie mir immer gewünscht habe, einfach nicht möglich ist und infolge dieser Erkenntnis zu Zweifel an der Vollkommenheit der Schöpfung. Und dann, als ich mich damit abgefunden hatte, habe ich die Hersteller der Jollys verdammt – wie leicht wäre es gewesen, unter Verzicht auf bestimmte Farben ein perfekt harmonisches Spektrum in den Packungen zu kreieren!

‹Sue› writes:
Verzicht? Gerade die Vielfalt war / ist es ja, die Jollys zu den einzig wahren Buntstiften machen. Ich denke da allerdings an die ganz, ganz große Schachtel – da waren sicher mehr als 36 Stifte drin. Denn «Himmelblau» ist ja zum Beispiel erst Nr. 32. Jedenfalls, in diesem Gesamtprogramm sind die Farbübergänge fast perfekt. Und übrigens: «Kobaltblau» rules! Mein klarer Favorit. Immer schon gewesen.

‹ULLI› writes:

Mir haben beim Ordnen immer die fortlaufenden Nummern geholfen. Irgendwann hab ich auch einmal die große Schachtel bekommen, allerdings waren «Gold» und «Silber» die reinste Enttäuschung, denn auf Papier waren die Farben nicht mehr recht zu identifizieren ... Auch die Schweinchenrosa ist nie kleiner geworden, im Gegensatz zu «Rot» und dem superschönen «Ultramarinblau» (Nr. 13, hab gerade nachgeschaut, und der Geruch des Holzes ist mir beim Öffnen des Federpennals in die Nase gestiegen ...). Ich sehe gerade, «Goldocker», Nr. 19, hab ich wohl auch nicht so gerne gehabt. :-)

‹Sue› writes:

Ich hab größten Wert auf die «Fleischfarbe» gelegt. Die war zum Ausmalen von Gesichtern viel besser geeignet als das Schweinchenrosa. Auch die Farbe «Creme» ist wunderbar! Hab sie zwar nie gebraucht, ebenso wie «Weiß», aber ... _haben_ ist immer gut!!!!

‹Silvio› writes:

Olivgrün hat deshalb nicht dazugepaßt, weil es keine Spektralfarbe ist. Anfangs habe ich nach den Nummern geordnet, bis ich mich dazu aufraffen konnte, die Numerierung zu ignorieren und die aus der Reihe tanzenden neben Gold und Silber zu schlichten.

‹Hermann› writes:

Eine breit angelegte, empirische Studie wäre erforderlich, um festzustellen, wieviele Jolly-Opfer in der ersten Phase des Selbstzweifels steckengeblieben sind und dementsprechend nie ihre volle Intelligenz entwickeln konnten. Solidarisiert euch!

‹Sue› writes:

Tja, ich glaub, das war doch eine gute Vorbereitung auf das Leben in Sachen «Frustrationstoleranz»? Silvio hat sich als sehr lebenstüchtig und kreativ erwiesen, indem er eine eigene Ordnung erfunden hat. Weniger kritische/intelligente Kinder haben die Stifte gar nicht geordnet bzw. die gegebene Ordnung nicht hinterfragt. Und philosophisch-intellektuelle Charaktere wie du sind an diesem Dilemma gereift. :-)))

‹Heidrun› writes:

Könnt's euch noch an den Geschmack von dem Holz erinnern?

‹Silvio› writes:

Ja. Praktisch geschmacksneutral, staubtrocken und stechend-faserig. Also kein frisches Zedernholz wie bei Anti-Motten-Klötzchen, sondern völlig ausgeraucht.

‹neuwinger› writes:

Ich nehme nicht an, daß ich der einzige war, der gerne vor dem Zeichnen gründlich die Mine abgelutscht hat, weil das viel sattere Farben gab … 8o)

‹Silvio› writes:

So isses. Der Effekt war nicht anhaltend, mußte ständig wiederholt werden. Als ich dann später von der Giftigkeit des Cadmiums in gelb-bis-roten Pigmenten gelesen hab, war mir sofort klar, daß ich mich mit den Jollys lebenslang vergiftet habe. Und mit den roten Legosteinen und deren Weichmachern. Hoffen wir halt, daß es doch nur Anilin-, Purpurschnecken- oder Schildlausfarbe war …

‹Sue› writes:

Davon kannst du ausgehen! Giftige Stifte dürften sicher niemals hergestellt und dann auch noch als «kinderfest» bezeichnet werden. Das weiß ja jeder, daß Schulkinder die Stifte in den Mund nehmen;-) Wir Mädels haben zum Beispiel die «Rosa» immer mit Spucke befeuchtet und dann die Fingernägel «lackiert». Hielt eigentlich ganz gut!

‹neuwinger› writes:
«Kinderfest» hieß einfach, daß die Dinger damals – als herkömmliche Normalbuntstifte noch Minen hatten, die so dünn und spröde waren, daß sie schon abgebrochen sind, wenn man nur «buh» gesagt hat – eine erstens vergleichsweise sehr dicke und zweitens eine mit Bindemitteln versetzte Mine hatten, wodurch sie, von mutwilligen Anschlägen abgesehen, als so cirka die einzigen Buntstifte in der Lage waren, den mitunter derben Zeichenstil kleiner Kinder mit lachender Mine hinzunehmen ...
8o)))

‹Sue› writes:
Was mir zum Thema «Schule» noch eingefallen ist: Um beim Turnunterricht (wie habe ich den gehaßt!!!) zwei Mannschaften voneinander unterscheiden zu können, mußten wir uns rote bzw. blaue Baumwollschleifen diagonal umhängen. Die einen waren dann «die Roten» und die anderen «die Blauen». Am Ende der Stunde wurden die Schleifen vom diensthabenden Klassenordner eingesammelt und nach Farben sortiert auf je einen verschließbaren Metallring gefädelt. Gab es das bei euch auch?

‹Georgie› writes:
Stimmt haargenau! Allerdings waren unsere Schleifen infolge oftmaliger Benutzung schon dunkelrot und dunkelblau ...

‹Heidrun› writes:
Ja! Wir hatten sogar noch Uniformpflicht – gräßliche, kurze, rote 100% Erdölderivat-Hosen und weiße ärmellose Leiberln. * wäh! *

‹Bine› writes:

Wir mußten einen schwarzen Turnanzug anhaben und im Gymnasium dann auch noch einen BRG-12-Aufnäher draufpempern … äääää, ich erinnere mich ungern an dieses Turnanzug-und-Gymnastikpatscherl-Gefühl. * igitt *

‹Heidrun› writes:

Und die muffigen Umkleidekabinen, 20 Jahre Zechenkas konserviert …

‹Harald› writes:

Bei roten und blauen Schleifen fällt mir eine besonders perverse Sportart ein: Sitzfußball!!!

‹Sue› writes:

Und mir fällt dazu ein: Sitzpause! Die gab es, wenn wir in der Stunde recht laut waren. Wir mußten dann die ganze Pause sitzenbleiben und _schweigen_! Und noch so ein Relikt aus der Volksschulzeit: Das Ypsilon nannte die Lehrerin «fremdes i» * kicher *

‹Andy› writes:

Nicht nur deine! Ich glaube, das war eine durchaus gängige Sprechweise. Alle haben's so gesagt, allerdings im Alphabet wurde es durchaus Ypsilon genannt …

‹Mandy› writes:

Der **Kirchschläger** hat von der Wand runtergesmiled, und Tintenfasseln hat es in meiner Schule in den Bänken auch noch gegeben – allerdings ohne Tinte. Das wär eine Hetz gewesen – so simma nur auf leere, halbleere oder manchmal auch volle **Schulkakao**-Packerln draufgesprungen.

‹Carlos› writes:
Die Kakaopackerln wurden bei uns vom Klassenordner mit einem weißen, spitzen Plastik-Anker aufgestochen und dann bekam man einen gelben dünnen Strohhalm dazu. Für Kakaopackerl-Schmeissen oder auch für Schwätzen mußte man allerdings Winkelstehen oder bekam eine Strafaufgabe – zum Beispiel zwanzig mal «Ich darf während der Stunde nicht essen» schreiben. Oder so. In der Pause hielt immer einer Wache an der Klassentür und gab ein Armzeichen, wenn der Lehrer nahte. Dann stellten wir uns alle hinter unsere Bank. Der Lehrer kam und sagte «Setzen». Wenn mitten in der Stunde der Schulwart kam oder gar die Frau Direktor, sind wir auch sofort aufgestanden.

‹Sue› writes:
In der Mittelschule waren einmal plötzlich statt der Schultaschen geflochtene Weidenkörbe, ausgekleidet mit Trachtenstoff, angesagt. Die hab ich nicht nur einmal auf den Kopf gekriegt in der völlig überfüllten Straßenbahn! Später dann Edel-Plastiksackerl von irgendwelchen Boutiquen, die ganz sicher kein Kindergewand geführt haben ;-) Kleine Koffer waren eine Zeit lang auch ganz modern. Oder netzartige Plastikköfferchen von Fiorucci. Ich hab immer Tick, Trick und Track Duck bewundert (heißen die Duck? Eigentlich?), die ihre Schulsachen mit einem Riemen zusammengebunden über die Schulter geworfen haben. Hab ich auch mal probiert, sind alle rausgerutscht.

‹Bine› writes:
Ich auch, aber dann hab ich einen Gummigürtel genommen, ihn kreuzweise gebunden und es hat super funktioniert. War damals echt cool so … Und hat einfach zum guten Ton gehört.

‹Heidrum› writes:
Was einmal ein großer Wunsch von mir war: Ein Gipshaxen oder eine Gipshand :-) Ich hab die MitschülerInnen immer beneidet, die nach einem Schi-

urlaub in die Klasse gehatscht sind, vor allem, weil man den Gips so wunderbar vollmalen konnte und weil das die wahren Helden waren. Wie gerne wär ich einmal mit dem Radl so hingeflogen, daß ich mir den Arm gebrochen hätte, aber _leider_ hatte ich immer schon recht starke Knochen und hab mir höchstens den Ellbogen oder die Handballen aufgeschürft. Als ich dann mit 28 den ersten Gips hatte, war die Begeisterung nimmer soooo groß, außerdem war der aus Plastik und nicht bekritzelbar :-))))

‹Sue› writes:
Stimmt, die Gipsträger wurden auf Rosen gebettet: sie waren von Hausaufgaben bzw. Turnunterricht befreit, alle mußten Rücksicht nehmen, und dreißigmal am Tag hatten sie das Privileg, auf die Frage ‹Was ist denn _dir_ passiert?› ausführlich antworten zu dürfen. Für Publikum war stets gesorgt. Ich hatte mal mit zwölf einen Gipsfuß, durfte aber leider nicht damit in die Schule, weil es ein Liegegips war. Konnte also den Kolleginnen auch nicht gönnerhaft erlauben, etwas auf den Gips zu malen.

‹Heidrun› writes:
Als noch nicht in jeder Schule ein Kopierer herumstand, waren **Matrizen** sehr verbreitet. Aus dunklen Volksschulzeiten kommt die Erinnerung an grauslich glattes, letschertes Papier hoch, das ziemlich schnell vergilbt ist und mit lila Schrift bedruckt war. Hat irgend jemand von euch eigentlich eine Ahnung, wie das mit den Matrizen funktioniert hat? Irgendwie war Spiritus im Spiel, und man mußte die Vorlage mittels Kurbel abziehen. Aber wie der Druck von der Vorlage auf den Abzug gekommen ist – keine Ahnung. Jedenfalls nicht mit Licht.

‹Hermann› writes:
Hab zwar keine Ahnung, wie das funktioniert hat, aber – um an die Diskussion «Geschmäcker, die ich vermisse» anzuknüpfen – diese Abzüge strömten einen ganz, ganz tollen Geruch aus! Hab ich geliebt!

‹Bine› writes:

Ja, ich war auch ganz süchtig danach. Ich glaube, ich hab nur deswegen gern Geschichtetest geschrieben! Aber ich hab ja auch Benzin geschnüffelt und lehne mich heut noch aus dem Fenster, wenn der Tank an der Tankstelle übergeht, jaaaa, mmhhmm * geifer *

‹Silvio› writes:

Die Wachsmatrize war eine feste Folie mit einer saugfähigen Schicht darauf und darauf wiederum einer Wachsschicht. Beschrieben wurde sie, indem die Wachsschicht verletzt wurde. Mit der Schreibmaschine, einer speziellen Handfeder mit Kugelspitze oder einer Matrizenbrennmaschine. Beim Abziehvorgang (ein Plandruckverfahren) haftete die Farbe an diesen Stellen der Matrize, weil ja die saugfähige Schicht freigelegt war, und die Matrize gab daher an diesen Stellen die Farbe an das Papier weiter. Zum Korrigieren verwendete man einen karmesinrot fluoreszierenden Abdecklack, der die irrtümlich verletzte Wachsschicht wieder verklebte.

‹Stefan› writes:

Diese Matrizenabzüge färbten auch ziemlich ab. Und überdies waren sie teilweise unleserlich weil so unscharf – im Zweifel führten wir Fehler immer auf unleserliche Vorlagen zurück, was aber meist nicht durchging … Ein unauslöschliches Bild aus meiner Schulzeit: Der Oberschulwart, schwitzend die Matrizenkurbel drehend, Finger und Kleidung blau vom Saft … * träum *

‹Sue› writes:

Manchmal waren die Abzüge noch feucht, wenn sie ausgeteilt wurden. Ich verbinde mit Matrizen die Erkenntnis, daß die Mathematikschularbeiten umso schwerer waren, je weniger Zahlen in der Angabe und je kürzer der Aufgabentext war. Die A5-formatigen Schularbeiten waren die schwersten; zur Matura gab es dann nur mehr einen schmalen Streifen – eine Viertel A4-Seite. Das war dann allerdings, glaube ich, schon eine Fotokopie.

Was mir noch einfiel zum Thema «Schule»: Ich hatte ein **Stammbuch**, auch so eine unvermeidliche Sache in einer Mädchenklasse. Gelb, mit einer schwarzen Biene Maja drauf.

‹Heidrun› writes:
Hihi, ich hab kürzlich wieder in meinem geblättert. Meines war gelb mit Donald Duck drauf. «Ich hab mich hinten angewurzelt / daß keiner aus den Seiten purzelt». Dazu ein Eselsohr, unter dem «Sei nicht so neugierig!» stand. Und Unmengen an falsch zitierten Goethe-, Schiller- usw. Zitaten. Dafür haben die Zeichenprofis immer ganz nette Sachen reingemalt.

‹Sue› writes:
«Marmor, Stein und Eisen bricht / aber unsere Freundschaft nicht!» Oder: «Sei wie das Veilchen im Moose / bescheiden, sittsam und rein / nicht wie die stolze Rose / die stets nur bewundert will sein». Oder der hier: «Wenn Berg und Tal sich trennen / und wir uns nicht mehr kennen / so denk an dieses Blatt / wer dies geschrieben hat». Weitere Beispiele gefällig oder ist euch eh schon schlecht?

‹Nic› writes:
«Zwei Täubchen am Dach / die mag ich so sehr / doch dich, liebe Niki / dich lieb ich noch mehr!» – «Lernen ist wie Schwimmen gegen den Strom – sobald du aufhörst, treibst du zurück.» (Von meiner Bio-Lehrerin) Aaaaarg! Aber ich mag mein Stammbuch trotzdem total!!! Mein Papa hat mir einen Lao-Tse-Spruch hineingeschrieben.

‹Heidrun› writes:
Hatten wir vielleicht die selbe Bio-Lehrerin? Oder haben Bio-Lehrer immer dieselben Sprüche? :-)))) Und die von den KollegInnen durchgepausten Micky-Mäuse, die grauslichen «Liebe ist …»-Mantschgerln und **Mordillo-Figuren** …

‹**mrd**› **writes:**
Dann gab es übrigens auch so wunderbare Pickerl mit Schmetterlingen und Blumen und SARAH KAY!!! Die wurden immer eingeklebt, weil sich jeder für seine/ihre Zeichenkenntnisse genierte ...

‹**neuwinger**› **writes:**
Sarah Kay ist fast so arg wie Clowns, nur anders arg halt ...

‹**mrd**› **writes:**
Ärger, um genau zu sein ... es ist mir erst beim Schreiben über Stammbücher wie Schuppen von den Augen gefallen. Ich hatte es ja schon verdrängt. Aber hier in dieser Diskussion werden scheinbar _alle_ Jugendtraumata aufgeweckt ... = ;@

‹**Heidrun**› **writes:**
Ich glaub, heute steht die Suche nach dem grauslichsten Stammbuch-Sinnspruch am Programm ... :-))

‹**neuwinger**› **writes:**
Wie wär's mit dem: «Nicht der mit dir lacht / nicht der mit dir weint / nur der mit dir fühlt / ist dein bester Freund!»

‹**Heidrun**› **writes:**
Aaaalso: «Von der Sonne lern das Leuchten / von den Blumen lern das Blüh'n / und vom Käferlein im Grase / lern das stille Müh'n.» Oh, jetzt kommt ein echter Hammer. «Blüh an deiner Eltern Seite / wachse tugendhaft heran / und ein Engel Gottes leite / dich auf deiner Lebensbahn» Bruhahahahahahaha, is des deppert:-)))) Oder: «Wenn einst in spätren Tagen / mein Name wird genannt / so denk an mich und sage / die hab ich gut gekannt». Dabei sagt mir der Name rein gar nix mehr :-) Eigentlich schon arg, was für ein antiquiertes Menschenbild bzw. Frauenbild da noch vermittelt wurde.

‹**Gregor**› **writes:**
Hab mein Stammbuch grad gefunden. Viele saublöde Sprüche von Leuten, die mir absolut gleichgültig sind. Guter Spruch: «Alles, was du heute tust, ist wichtig – gibst du doch einen ganzen Tag deines Lebens dafür her» (mein Biolehrer).

‹**Sue**› **writes:**
Was war besser als Stammbücher? Unsere Lieblings-Kinderbücher! Als ich gaaaanz klein war, mochte ich **Die kleine Raupe Nimmersatt** und natürlich die **Pixi**-Bücher. Was anscheinend außer mir niemand kennt, war «Das hölzerne Mandl». Später war mein Favorit «29 verrückte Geschichten» von Ursula Wölfel, und noch etwas später alles von Erich Kästner und Christine Nöstlinger und Astrid Lindgren … «Kalle Blomquist» und «Das doppelte Lottchen» und **Karlson vom Dach** und **Konrad, das Kind aus der Konservenbüchse** und **Das Sprachbastelbuch** und und und.

‹**neuwinger**› **writes:**
Hatschi Bratschi Luftballon!

‹**PowerFox**› **writes:**
Jööö daran kann ich mich auch noch erinnern 8-)))

‹**Nic**› **writes:**
Vor dem hab ich mich immer gefürchtet. Aber **Die drei Stanisläuse** (der alte, der mittlere und der kleine …), die rulen! Kannst dich erinnern, wie die ein Papierschiff gebaut haben? Suuuuper!

‹**PowerFox**› **writes:**
Ja! Und auch der **Räuber Hotzenplotz**.

‹Hene› writes:
Ich mochte die Stanisläuse und den Hotzenplotz auch sehr.

‹Sue› writes:
«Eine Scheibe Wurst und eine Gurke für den alten Stanislaus, eine Scheibe Wurst und eine Gurke für den jungen Stanislaus, und eine Scheibe Wurst und eine Gurke für den kleinen Stanislaus!» _Die Stanisläuse hab ich sehr gerne gehabt. Heute ärgere ich mich ein bißchen darüber, daß die drei Stanisläuse _immer_ auf Abenteuern waren und die drei Veronikas (die alte, die junge und die kleine …) _immer_ Unkraut gezupft, Betten gemacht, gekocht usw. und vor allem auf die Stanisläuse gewartet haben.

‹Heidrun› writes:
Die Mira-Lobe-Bücher haben mich unheimlich begeistert. **Bimbuli**, dann natürlich **Das kleine Ich-bin-ich** («Denn ich bin, ich weiß nicht wer, dreh mich hin und dreh mich her, möchte wissen, wer bin ich?» – Genial! Mit Bastelanleitung.

‹mrd› writes:
Ja! Ich will auch wieder eins basteln. War eines meiner absoluten Lieblingsbücher. Neben einem Kasperlbuch und **Die kleine Hexe**.

‹Adalbert› writes:
Hat jemand **Die Omama im Apfelbaum** gelesen?

‹Nic› writes:
Ich, ich, ich! Sie lebe hoch, die Omama!!

‹Harald› writes:
Wer kennt sie nicht, die Omama im Apfelbaum. Und: «Ein Mann für Mama». Und: **Damals war ich vierzehn**. Und: «Wir pfeifen auf den Gurkenkönig».

‹Heidrun› writes:
Dann hat es noch eins gegeben, wo ein Wald gerodet und ein Teich zugeschüttet werden soll und sich alle Tiere dagegen verbünden.

‹Harald› writes:
Das kleine Städtchen Drumherum?

‹Heidrun› writes:
Ja! Und dann hatte ich noch großformatige Bilderbücher, wo in jedem Buch ein Lebensbereich gezeichnet war, z. B. eine Stadt oder ein Bauernhof ... Es waren unheimlich viele Szenen drauf, in dem Buch über die Stadt kann ich mich noch an eine Baustelle, ein Hochhaus, ein Schwimmbad und einen Markt erinnern. Auf jedem Bild waren eine Menge Menschen drauf, die verschiedene Tätigkeiten ausgeführt haben :-) Diese Bücher konnte ich stundenlang anschauen. Ich glaube, die Autorin hat Ali Mitgutsch geheißen.

‹Sue› writes:
Diese Bücher sind immer noch ein Klassiker. Mich wundert, daß sie so wenig an Aktualität verloren haben ... wo sich doch einiges geändert hat in den letzten dreißig Jahren.

‹Nic› writes:
Und die herrlichen **Mumins**-Bücher! Allen voran «Eine drollige Gesellschaft», das ich etwa 20 mal gelesen hab. Die wirklich wunderbaren Dinge wie Tofslan und Fislan, die eine eigene «erl»-Sprache erfunden haben, hat die Mumins-Fernsehserie ja nicht übernommen. Vielerl ganzerl Autofahrterln langerl haberl icherl meinerl Elterln damiterl gequälterl. Die Mumins – sie leben hoch! Mitsamt dem Snork und dem Snork-Fräulein. Und mitsamt der kleinen Mü und der eisigen Morra, die Winter und Frost bringt, wo sie auftaucht. * seufz * Die TV-Serie war und ist inhaltlich ein matter, öder, ärgerlicher Abklatsch von den Mumins-Büchern.

‹Hermann› writes:

Ich war der absolute Fünf Freunde-Freak. Nicht nur spannende Stories, sondern auch eine Menge Erotik zwischen den Zeilen – da gab's doch die niedliche Anne, die besonders dick mit einem der vier befreundet war. Uff, da knisterte so manches zwischen den beiden! Natürlich waren sie noch viel zu jung, um irgendeine Äktschn zu starten, aber man konnte sich vorstellen, was sich ein paar Jahre später entwickeln könnte! Hat mich damals sehr in den Bann geschlagen.

‹Harald› writes:

Wie sie sich immer ein weiches Nachtlager aus gepflücktem Heidekraut gemacht haben … Bei mir war es eher die burschikose Georgina, die den Grundstein meiner Leidenschaft für knabenhafte/androgyne Frauen gelegt hat ;-)

‹Bine› writes:

Fällt mir jetzt schwer, das nachzuvollziehen, aber die Fünf Freunde hab ich auch alle gelesen, aber weil es halt so spannend war. Die Erotik ist mir scheinbar verborgen geblieben … oder liegt das am Geschlecht der LeserInnen?

‹Sue› writes:

Die beiden Mädchen, Georgina und Anne, bewundern Julian sehr, weil er der Älteste/Mutigste/Gescheiteste ist. Er ist halt der Anführer der Bande. Die Mädchen sind gegensätzlich: Anne, die Jüngste, ist ein bißchen ängstlich und muß beschützt werden. Aber Georgina, die sich nur George nennen läßt, möchte immer beweisen, daß sie der bessere Bub ist.

‹Harald› writes:

Aber BITTE! Hattet ihr auch diese grenzgenialen _Bilderbücher_ von Enid Blyton? Mit Nicki, der Spielzeugfigur, die im Spielzeugland gelebt hat!!! Mit seinem Freund, dem Zwerg Großbart und vielen anderen Spielzeugen, wie die Kegel-Familie, die sich immer von Nickis Auto hat umfahren lassen?

‹Ottifant› writes:
Mein absolutes Lieblingsbuch war **Jim Knopf und der Lokomotivführer**!

‹Silvio› writes:
Ein grausliches Kinderbuch war «König Hänschen». Ein kleiner Bub wird König. Erste Reform: Täglich ein Stück Schokolade für alle Kinder. Super! Aber dann verschwören sich die Nachbarländer und verraten die Höflinge König Hänschen und er muß in den Krieg … Und sowas ist eine Zumutung als Kinderbuch und ich hab's nimmer weitergelesen. Dabei hat es so interessant angefangen.

‹Bine› writes:
Auch ganz schrecklich, kennt aber anscheinend keiner außer mir, ist das Märchen «Jorinde und Joringel».

‹Susi› writes:
Klar kenn ich Jorinde und Joringel – da war was mit gemeinen Vogelkäfigen.

‹Bine› writes:
Genau. Und ein Kristallberg ist am Weg zur Blume gelegen und alles war immer so schrecklich gruselig.

‹Sue› writes:
Und ein Tautropfen aus der gesuchten Blume war das Pfand für irgendetwas ganz Wichtiges. I remember. Grausam, wie sehr viele Märchen.

‹Harald› writes:
Meine persönliche Hitliste der grauslichsten Kinderbücher:
3. «James und der Riesenpfirsich»
2. «Der Struwwelpeter» (abgeschnittene Finger – bäh!)
1. Hatschi Bratschi Luftballon * schauder *

‹Hermann› writes:
Also: Struwwelpeter – ein echter Horrortrip. Aber Hatschi Bratschi Luftballon – ein steter Quell der Freude!

‹Nic› writes:
Ich mochte JEDES **Nöstlinger**-Buch! Allen voran **Rosa Riedl Schutzgespenst**. Und endlose **Die drei???** – Krimis, Uiiii …

‹Sue› writes:
Eines meiner allerliebsten Bücher war «Der kleine Mann» von Erich Kästner. Und die Fortsetzung: «Der kleine Mann und die kleine Miss». Da gab es eine Stelle, wo die Helden beim «Würstchengott» eingekehrt sind, dem besten Würstelstand von ganz Pichelstein, wo die Würstchen so gut sind, daß sie einem auf der Zunge zergehen. Da bin ich immer ganz hungrig geworden. Oder noch so eine sinnliche Stelle: Zitat: «Da bekomme ich eine Gänsehaut» rief Fräulein Marzipan. «Herzeigen!» rief der kleine Mann und rieb sich die Hände. «Marzipan mit Gänsehaut wollte ich schon immer sehen!» – Zitat Ende.

‹Harald› writes:
Gehörte auch zu meinen Lieblingsbüchern! Du bist allerdings so ziemlich die erste, die das kennt. Normalerweise geht das so:
JEMAND: Ich habe alle Kästner-Kinderbücher gelesen!
ICH: Auch «Der kleine Mann»?
JEMAND: Hä?

ICH: Und «Der kleine Mann und die kleine Miss»?
JEMAND: Hää??
;-)

‹Irmi› writes:
«Gulla» sowie «Hanni und Nanni» fallen mir noch ein …

‹Sue› writes:
Komisch, diese typischen Mädchenbücher hab ich nicht mögen. Die Gulla hatte es mit den Pferden, wenn ich mich recht entsinne, und alles was mit Pferden zu tun hatte, fand ich ätzend. Und Hanni und Nanni haben nicht einmal eine Erinnerung hinterlassen … «Trotzkopf» sowie «Nesthäkchen» konnten mich auch nicht reizen.

‹Heidrun› writes:
«Die Sagen des Klassischen Altertums». Grauer Einband mit einem Foto einer Zeus-Büste. Drinnen sind auch ein paar Fotos antiker Götterstatuen.

‹Sue› writes:
Die griechischen Göttersagen! Ja, die waren / sind sehr spannend. Hat unsere Geschichtelehrerin einmal vorgelesen, und dann haben wir uns das Buch alle zu Weihnachten gewünscht. Dicke Bücher mochte ich immer schon ;-) Eines, das ich allerdings nie hatte, war dieses jährlich oder zweijährlich erscheinende, geschlechtsspezifische Jahrbuch für Kinder und Jugendliche. «Jungen 1976» hieß dann so ein Band etwa oder «Mädchen 1978». Keine Ahnung, was da drin stand. Hab ich was versäumt?

‹Carlos› writes:
Ich hatte «Jungen 1976» und ich kann dir sagen, das ist nichts Besonderes.

‹Sue› writes:

Eine Episode aus einer Geschichte, die mich bis heute fasziniert: Kinder streichen den Plafond ihres Zimmers mit hellblauer Magnetfarbe an, damit sie an der Decke Rollschuhlaufen konnten! Damals waren die Rollschuhe ja noch aus Metall und wurden daher von der Farbe angezogen. Das fand ich genial. Ich habe aber keine Ahnung mehr, wie das Buch hieß oder die restliche Geschichte verlief …

‹Bine› writes:

Ich erinnere mich an ein Buch mit einem Wald, wo irgendwelche Typen in den Bäumen hockten …

‹Nic› writes:

Wo die wilden Kerle wohnen? Das mochte ich gern.

‹Hene› writes:

In der Volksschule gab es Bildungshefterln: Für die erste und zweite Klasse die **Spatzenpost** und für die dritte und vierte Klasse gab es **Kleines Volk**. Habe letztens je ein Heftl einem Kinde entrissen und studiert ;-)

‹Heidrun› writes:

Oder **Die Goldene Leiter**. Das waren Heftln, die in der Schule verteilt, aber wieder eingesammelt wurden. Wir haben in der Schule eine Zeit lang gelesen und dann mußten wir das Heft daheim fertig lesen.

‹Carlos› writes:

Später gab es doch auch die **Wunderwelt**. Oder **Weite Welt**? Oder so.

‹Elli› writes:

Die gab es beide. Das eine konnte man in der Trafik kaufen, das andere gabs in der Schule. Themenschwerpunkt: Dritte Welt und Entwicklungshilfe.

‹Bernard› writes:

Ich glaub, die gibt es schon lang nimmer. Eines der Hefte förderte meiner Meinung nach sehr das Ökobewußtsein, «Umweltspürnasen», Wassertests, etc. In einer der ersten Ausgaben – ich glaube, es war 1976 oder 1977 – war ich mit einem Baumhaus, das wir gebaut haben. Ich war sooooo stolz!

‹Carlos› writes:

Ich wollte immer diese YPS-Heften mit Gimmick. Welche Gimmicks waren eure liebsten?

‹Harald› writes:

Uiii! Was für ein Mega-Thread!

1. Das Blasrohr, das um die Ecke schießen kann
2. Die Zaubertricks – besonders gut die Fingerguillotine!
3. Die Agentenausrüstungen! (Armband mit Sonnenuhr!)
4. Die Phantombildkartei war auch genial!
5. Die Mini-Sonnenblume
6. Die mexikanischen Springbohnen (Einfuhr in Österreich verboten)
7. Das richtige YPS Zelt zum echt Reinlegen
8. Der ausklappbare Trinkbecher!
9. Sonnenbrille mit Rückspiegel!

und und und …

‹PowerFox› writes:

Also, ich hatte die Springbohnen damals – genauso wie alle anderen Gimmicks aus den Heften.

‹Harald› writes:

Die Gimmicks wurden ja öfter wiederholt. Beim zweiten Mal durften sie, glaube ich, rein. Die Einfuhr war deshalb verboten, weil die Springbohnen eigentlich Schmetterlingslarven sind.

‹Ruttner› writes:
Ich erinnere mich an die Erdnußplantage. Die trug allerdings nie Früchte!

‹Batesman› writes:
Klingt jetzt bescheuert, aber trotz all der wundervollen Agenten- / Detektivausrüstung (Lupe, Fingerabdruckpulver etc.) war das beste Gimmick für mich ein kleines Glashaus, wo man Tomaten, Mimosen und noch zwei andere Sachen anbauen konnte. Hat doch tatsächlich zwei Jahre bei mir in der Volksschule überdauert, und ich war urstolz drauf ;-)

‹Nic› writes:
Die Türglocke, aus der Wasser gespritzt ist, wenn man geklingelt hat! Alle Besucher meiner Eltern sind naß geworden.

‹Harald› writes:
Oder der YPS Globus! Eckig, aus Feldern wie ein Fußball.

‹Fred› writes:
Am besten hat mir der riiiiesige Solar-Zeppelin gefallen!!

‹Sue› writes:
Comichefte hab ich ja kaum gelesen, nur in den Ferien bei Oma und Opa, wenn die sich aus der Romantauschzentrale alte Jerry Cottons und Silvia-Romane und für mich eben uralte Micky Mäuse etc. geholt haben, um einen Schilling das Stück :-) Aber _eine_ Comicfigur hat mich nachhaltig beeindruckt. Ein Superheld, der seine Arme beliebig dehnen konnte. Weiß jemand, wie der hieß?

‹Harald› writes:
Name: «Elastic Man», deutsch: «Elastoman». Kostüm: weiß-violetter Overall (halb-halb), Kopf frei. Bürgerliche Name: Ralph Dibney, Mitglied der Ge-

rechtigkeitsliga. Abenteuer sind detektivischer Natur, mit Hang zur Komik (wenn er eine Spur schnüffelt, läßt er seine Nase wackeln, was seine Frau ungustiös findet). Verlag: DC (deutsch: Ehapa). Früher gelegentlich in «Superman», «Gerechtigkeitsliga» und «MV Comics». Küß die Hand, Ihr Dr. Comic.

‹Sue› writes:

Genau! Elastoman. Der war's.

To: Blackbox
Subject: Die Kinder der siebziger Jahre

Zwischen Testbild und Sendeschluß

FERNSEHEN, KINO, RADIO UND MUSIK

‹Nic› writes:
Augen auf, Ohren auf, **Helmi** ist da!
Das ist auch schon lang, lang her.

‹Heidrun› writes:
Und sein negatives Gegenbild Karli Katastrophski :-)

‹Harald› writes:
Und heiße Tips von Willi? Und Professor Besserwiss (= Frank Zander)?
Bin behördlich eingetragener Helmi-Hasser ;-)

‹a:R› writes:
Dem Helmi haben sie dann wenigstens seine Komplettirrsinnsstimme im Laufe der Jahre normalisiert.
(Bin Helmi-Hasser der ersten Stunde. Auf meine ESSL-Schultasche kam nie ein Helmi-Sticker drauf!)

‹Bine» writes:
Ich möcht mich auch in den Helmi-Hasser-Verein eintragen lassen. Neben dem grauslichen Knirps gab's für mich nur mehr eine Steigerung der Grauslichkeit: **Tobi & Tobias**!

9

Also der Habakuk-Kasperl ist ja noch gegangen, aber auch nur, weil's den **Tintifax** gegeben hat. Aber Tobi und Tobias (welcher war der Affe, der Tobi, oder?) – da beutelt's mich heut noch ab, wenn ich dran denk … bääääähh. Ist sicher an der Stimme gelegen.
Na, irgendwelche LeidensgefährtInnen?

‹Heidrun› writes:
JAAAAAAAAAAA! Schrecklich, einfach furchtbar! Die Stimmen!
Und der **Clown Habakuk**, das war ein Feindbild für mich!

‹Carlos› writes:

Ich erinnere mich. Tobi hatte einen roten Frack, Tobias ein Ruderleiberl (blau-weiß gestreift) und eine Seemannsmütze, und ich glaube, in ihrem Wohnwagen hat's auch noch einen Papagei gegeben.

‹Harald› writes:

Mein Gott, hab ich gelitten! «HÄ-HÄ-HÄ-HÄRR HAAABAKUUUK! – «Hm, hm, hm, schrei doch nicht so, laß mich mal, hm hm hm – hö-hö-höa Habakuk, hm hm, hm …»

Raaaah … und dazu die seltsamen, oft bedrohlichen Geschichten mit dem extrem depperten und unmoralischen Affen und dem laschen Hundsviech … * uarg *

‹Hermann› writes:

Habakuk? Nicht ohne meine Kettensäge!

‹Dagmar› writes:

Ich hatte mal einen furchtbaren Alptraum mit Tobi & Tobias, so mit sieben Jahren. An den kann ich mich heute noch erinnern! Seitdem sind die für mich gestorben. * erschauder *

‹Doris» writes:

Gott hab sie selig, daß sie bloß nie wieder auferstehen und die Kinder nerven!

‹Bine› writes:

Scheinbar simma alle T & T-geschädigt … wir können schön langsam eine Selbsthilfegruppe ins Leben rufen … hihi :-) Alles war mir lieber als ein Samstag Nachmittag, wo es nix anderes im TV gespielt hat als Tobi & Tobias – sogar das öde **Wer bastelt mit** war mir da noch lieber!

10: Ist der lange Arm aus «Zeichnen, malen, formen» vielleicht daran schuld, daß handwerkliche Tätigkeiten in mir regelmäßig Welthaß auslösen?

‹Hene› writes:
Einspruch, Euer Ehren! Tobi und Tobias war am Sonntag nachmittags. Der Habakuk-Kasperl ist in jedem Stück in so einen entrischen Wald gegangen, während so esoterische Klänge eine ganz unheimliche Musik erzeugt haben. Gottlob hat er den Tintifax und den Eusebius immer besiegt, der Brave! «Wer bastelt mit» war jedoch wahrhaftig am Samstag. **Zeichnen, malen, formen** wurde am Mittwoch gegeben, nach dem normalen **Kasperl** und der Verlesung der Gewinner der **Kasperlpost**. Hoch lebe Tintifax!!!!!

‹Carlos› writes:
Später hab ich festgestellt, daß der Tintifax GRÜN ist! Wir hatten nur einen s/w-Fernseher damals.

‹Elli› writes:
Habakuk, Tobi und Tobias waren doch bei **Der knallrote Autobus** dabei, oder?

‹Harald› writes:

Nein. Knallroter Autobus: dumpfdeutsch
Tobi und Tobias: Austroschmus

‹Gerda› writes:

Der knallrote Autobus war einfach die Kultsendung! Ich weiß noch die Anfangsmelodie und kann mich an den Stockautobus erinnern, aber womit die ihre Sendezeit gefüllt haben, ist meinem Gedächtnis entschwunden. Wer weiß mehr?

‹Harald› writes:

Nun, da waren so Viecher, teils Handpuppen, teils Marionetten, auch Menschen, irgendwer hieß Klinker(?) und dazwischen waren Beiträge wie bei der **Sendung mit der Maus** – Zeichentrick und Realfilme.
Glaub ich.

‹Hene› writes:

Schraube, Klicker und Klamotte waren die Hauptfiguren. Mary Roos mit dem ABC-Song, eine echt heiße Nummer! Die beiden Schnecken (Fingerpuppen), mit der tollen Melodie, oder war es nur eine Schnecke? «Hey, Schnecke» hat es jedenfalls geheißen.

‹Harald» writes:

Fahr mit, mit dem knallroten Autobus
Wir haben sehr viel Platz
Für Hund und Katz und Spatz
Fahr mit, mit dem knallroten Autobus
Bei uns paßt jeder rein
Ob groß, ob klein!
Wir wollen lachen, lernen, lesen, schreiben
rechnen – fast bis 10!

Wir wollen Straßen, Städte,
Länder, Menschen,
ganz genau besehn!
(da capo al fine)
Ich hab das noch auf Kassette.

11

‹Carlos› writes:
Kasperl und **Pezi** hatten sogar einen Computer mit blinkenden Lichtern! Der wußte immer eine Antwort, wenn Kasperl ratlos war.

‹Elli» writes:
Du meinst wahrscheinlich den Computer Adolar.

‹Sue› writes:
Der Pezi war ja auch Mitglied der **Familie Petz**, die oft als **Betthupferl** gespielt wurden.

‹Mandy› writes:
Der wunderbare Ausspruch vom Pezi: KRAWUZI-KAPUZI!
Und sein Freund hieß Fips.

‹Uli› writes:
Der Fips hat ausgeschaut wie der Sinowatz!!!!!!!!!

‹Sue› writes:
Ja, und der Fips ist eine Maus. Ich frag mich heute noch, wie eine Maus größer sein kann als ein Bärenkind.

‹a:R.› writes:

Der Vater vom Pezi ist Akrobat beim Zirkus (Hochseil, glaub ich), und BUSSI-BUSSI-Dagobert spielt auch eine Rolle. Sowie die Schaukel im Garten vor dem Haus der Familie Petz, auf der Pezi und Fips immer bäuchlings schaukeln.

‹Michl› writes:

Pezi, **Die Maus vom Mars, Frederik & Pigledie** ... eigentlich schade um das Betthupferl, aber wessen Kinder gehen schon um 17:55 schlafen?

‹Harald› writes:

Hatten wir **Papotin** (sprich: Papotööh) den französischen Koch, schon? Und **Mooskopf**?

‹Silvio› writes:

Und **Filopat & Patofil**. Diese Joka-Männchen mit den Spiralfederkörpern aus den 60er Jahren.

‹Hene› writes:

Fräulein Fru-Fru, der Hund Tutu, eine Mauer, eine Leiter und ein paar andere Viecherl waren die Hauptdarsteller einer Betthupferlserie.
Und dann gab es auch noch ein Niespferd, das war ein Betthupferl in Zeichentrickform. Irgendwie kam es immer zu einer ganz blöden Situation, weil wenn das Niespferd nieste, alles durcheinandergewirbelt wurde!

‹Carlos› writes:

Bobby und Strolchi! Der weißhaarige, schnauzbärtige Bobby Lugano in Frack und Mascherl, die Handpuppe Strolchi und eine Hammondorgel im Hintergrund. Die führten immer Tricks vor. Und zum Schluß sagte Bobby immer «Ja, zaubern muß man können!»

‹**neuwinger**› **writes:**
An Frederick & Pigledie erinnere ich mich, das waren zwei kleine Schweine. Und **Fred Basset**! Das war ein solcher.

‹**Bine**› **writes:**
Oder die **Potatoes** – könnt's euch an die erinnern? Samstägliches Kinderprogramm war das, nicht jede Woche. Die hab ich echt gemocht, diese Erdäpfelfamilie. Wenn sie auf Wanderschaft gegangen sind, mit ihrem Binkel über der Schulter. Und der superrote Mund, der sich beim Sprechen veränderte, einmal rund, einmal lachend, einmal die Mundwinkel nach unten usw. Hä, echt nett.

‹**a:R.**› **writes:**
Schrecklich, ich hab sie mangels Englischkenntnissen immer so genannt, wie sie geschrieben wurden, also nicht Potäätos, sondern Pota-to-es. Und mich hat immer ihr Auto fasziniert!

‹**Hermann**› **writes:**
Und die **Fraggles**! Absoluter Kult! Ich liebe sie noch heute! Besonders Buber und Red. Ein Hit!
«Und hat es Euch nicht gefallen / dann bohrt Euch doch ein Loch ins Knie! / Denn manchen kann man's recht tun / aber anderen nie!»
Ein Hauch Anarchismus, Gesellschaftskritik (man denke nur an die – wie hießen die doch, diese Workaholics, die immer geschuftet haben?) Und der König und die Königin, in deren Garten die absolut hedonistischen Fraggles immer ihre Radieschen geklaut haben?
– Zitat: «Iiiiiiiiihh! Ein Fraggle!!!
Wahnsinn!

‹a:R.› writes:

Naja, die Fraggles waren ja etwas später, da fühlte ich mich schon zu alt. Ich bin eher für die **Muppet-Show**! Hehe, die war cool. Und Didi Hallervorden mit **Nonstop Nonsens**!

‹Uli› writes:

Die Sendung mit der Maus – da waren oft interessante Sachen zu sehen, mit teilweise wirklich guten Beiträgen. Manche aber auch wie in der Schule – fad. Und die Maus war süüüß!

‹mrd› writes:

Jau! Die hab ich auch immer sehr gemocht! =:-)

‹Sue› writes:

Oder: **Eins, zwei oder drei**! Da mußten Schulklassen gegeneinander zum Wissenstest antreten und durften als Gutpunkte goldene Kugeln in ihre durchsichtige Säule füllen! Am Ende durfte die Siegerklasse dann ihre Gutpunkte in einem Paradies aus Preisen eintauschen! Da gab es auch Kassettenrekorder und andere höchst begehrenswerte Dinge.
«Ob du recht hast, oder nicht, sagt dir gleich das Licht!»

‹PowerFox› writes:

«Eins, zwei oder drei
du mußt dich entscheiden,
drei Felder sind frei
Plopp – plopp, das heißt stop
nur noch einen Hopp
dann ist es vorbei!»
Beim «Plopp» hat mich jedesmal meine Oma geschimpft (sie war damals in meiner Familie die einzige, die einen Fernseher hatte) – weil als braver Bub steckt man doch nicht seinen Finger in den Mund! 8-)

‹Uli› writes:
Yesyes ... diese Sendung gibt's immer noch. Ist aber meiner Meinung nach lang nicht so gut wie damals mit dem Michael Schanze! * Seufz *

‹Harald› writes:
Hippe di hip, hippe di hip, ja, das ist unser Skip! Wer kann sich noch an **Skippy, das Buschkänguruh** erinnern? Das mochte ich lieber als **Flipper**. Und **Boomerang**, jene australische Serie, wo ein Junge mit einem magischen Bumerang die Zeit anhalten konnte?

‹Mandy› writes:
Also auch **Daktari** und Flipper hab ich gern gemocht, aber Skippy war einfach genial! Wobei ich zugeben muß, daß ich außer der Titelmelodie nimmer allzuviel weiß.

‹Carlos› writes:
Lassie habe ich manchmal gesehen. Ich glaube aber, diese Serie war schon etwas älter. Hat mir nicht so gefallen.

‹Bine› writes:
Kann sich noch jemand an die US-Familien-Serie **Unser trautes Heim** erinnern? Die Familie bestand aus Mami, Papi, drei Kindern und einem Bobtail namens Led. Das Haus hatte was von einem «The Munsters»-Schlössl, nur auf sauber. Und die Kinder haben sich immer im ersten Stock auf der Balustrade versteckt und haben die Eltern belauscht. Das war echt super.

‹Harald› writes:
Ja!
Jaa!
Jajaja!
Sonntag nachmittags kam das immer. Da waren Zwillinge und noch eine/r.

Und der Hund hat immer den Telefonhörer abgehoben, bevor jemand anderer im Haus es konnte! Und sie hatten ein Auto mit offener Ladefläche, was es bei uns noch gar nicht gab!

‹Hermann› writes:

Könnt's euch noch an die US-Serie **Drei Mädchen und drei Jungen** (The Brady Bunch) erinnern? Das muß so ca. 77 oder 78 gewesen sein. Diese Serie leistete wirklich Großartiges zur Globalisierung der Sprache österreichischer Jugendlicher!
Einen Tag, nach dem in der Serie das Wort «Fete» auftauchte, hatte in der Schule bereits einer zu seiner «Fete» eingeladen. So unmittelbar war ich noch niemals Zeuge der Veränderung der Sprachkultur! Ähnlich verhielt es sich mit dem Ausruf «Wow», als dieser in der Serie ausgesprochen wurde.
Man stelle sich nur vor – es gab ein Leben vor «Wow»!

‹Harald› writes:

«Wir erzählen Euch Geschichten
von 'ner hübschen Dame, die drei Töchter hat
doch allein und ohne Vaaaaati
hatten sie das Leben satt
Doch da traf sie Mr. Brady
seine Jungen waren leider auch allein
ihnen fehlte eine Maaaaami
zum richtig glücklich sein
Nun sind sie alle eine fröhliche Familie
so vereint fühlen sie sich richtig groß
denn mit drei Jungs und drei hübschen Mädchen
da ist natürlich jeden Tag was los!
Da ist was los, da ist was los,
ja bei den Bradys ist was los
da ist was los!

Das war übrigens eine Serie aus den Sechzigern, die in den Siebzigern wiederholt wurde.

‹Bine› writes:
Wir sollten um eine Wiederholung von **Mein Onkel vom Mars** kämpfen! Das wurde nieeeee wiederholt!

‹Harald› writes:
Ja, den hab ich auch geliebt! Mir ist sogar das Titellied wieder eingefallen:
«Mein Onkel vom Mars macht die tollsten Sachen
Mein Onkel vom Mars bringt die Leute zum Lachen
Fliegt die Welt in die Luft – wer war's?
Mein Onkel, mein Onkel vom Mars!
Er kam mit 'nem lauten Knall
mit dem Raumschiff aus dem All
er ist vielen nicht geheuer
wegen seiner Abenteuer
er kann sich in Luft auflösen
als wär er niemals da gewesen …
Mein Onkel vom Mars,
mein Onkel vom Mars!»
Oder: **Immer wenn er Pillen nahm**!
Mein Gott, war das genial!
Wie er die neuen, verbesserten Pillen bekommt, die aber nix nutzen und er beim Anlauf zum Abfliegen auf die Schnauze fällt! Ich lach noch immer – nach 25 Jahren!
;-)))))

‹Georg› writes:
Und: **Dr. Dolittle** als Zeichentrickfilm – auch genial!

‹**Harald**› **writes:**

Jaaa! Wie hieß der blöde Böse – Schweinebacke?
Außerdem: **In 80 Tagen um die Welt**! Wo sie immer am Anfang alles eingepackt haben, was sie dann gebraucht haben – und vorher gab es eine Realspielszene mit deutschen Schauspielern als englische Lords!
Und **Speedy Gonzales**. Arriva, arriva, andele!!!!
Oder so. :-)

‹**Georgie**› **writes:**

Nils Holgerson hab ich auch gern geschaut – und **Pumuckl**, und **Pinocchio**.

‹**Hermann**› **writes:**

Von Pumuckl war ich ein echter Fan. Pinocchio hab ich allerdings nie ausstehen können. Düstere Atmosphäre, und außerdem isses mir immer furchtbar aufn Zaga gangen, daß der Typ sooo deppert is und immer wieder auf die Schurken reinfallt. Eine dramaturgische Inkonsistenz: er war nämlich eigentlich net so blöd und wußte auch, daß er von den beiden IMMER gelackt wird. Und dennoch … (Stört mich übrigens auch, daß die supervife Lois Lane net tschäckt, daß Superman und Clark nie gemeinsam auftreten. Aber das ist eine andere Geschichte …)

‹**Sue**› **writes:**

Mit dem Pinocchio ging es mir genauso! Magenkrämpfe hab ich gekriegt, wenn er sich schon wieder mit dem räudigen Fuchs und dem Straßenkater eingelassen hatte. (Und was die supercoole, wunderschöne Lois Lane betrifft: Meine große Verehrung für sie und diese Serie hat aus ebendiesem, von dir genannten Grund ein jähes Ende genommen … und zwar schon in der ersten Staffel ;-) … war mir einfach zu blöd.)

‹**Carlos**› **writes:**
Keiner außer mir erinnert sich an die Zeichentrickserie Die **Jetsons**! So ähnlich wie die **Familie Feuerstein**, nur haben die in der Zukunft gelebt. Die Häuser sahen aus wie der Donauturm. Der Hund mußte auf einem Fließband laufen, weil keiner mit ihm Gassi ging. Statt Autos hatte man kleine Flugzeuge mit Glaskuppeldach. Den Haushalt erledigte ein Roboter. Es gab Bildtelefon. Und das Zeugnis der Kinder war kein Zettel, sondern sah aus wie ein Tricorder der Enterprise-Besatzung ;-)

‹**Sue**› **writes:**
Oh ja, ich kenn das, ich hab die Jetsons ein- oder zweimal gesehen. Das war super. Überhaupt der Roboter – der hatte doch eine Schürze an, oder?

‹**Maus**› **writes:**
Kann sich noch wer an die **Kaikukas** erinnern? Tupfi hat die Frau geheißen … war eine Clowngruppe.

‹**neuwinger**› **writes:**
Tut's die Kaikukas weg!!! brrrr …

‹**Hermann**› **writes:**
Offenbar müssen wir die Tobi & Tobias-Geschädigten-Selbsthilfegruppe um eine Kaikukas-Sektion erweitern. Zumindest für Neuwinger und mich.

‹**Susu**› **writes:**
Für mich auch! Für mich auch!

‹**neuwinger**› **writes:**
Eine fürchterliche Horrorvision keimt in mir auf: mit irre flackerndem Blick und unkontrolliert zitternden Gliedern versammeln sich die Tobi & Tobias- sowie Kaikukas-Opfer zwecks Selbsthelfung im Vorraum des Sitzungszim-

mers, schließlich ist man komplett, die Flügeltür schwingt knarrend auf und drinnen sitzt, breit grinsend, Herbert «Happy» Prikopa und sagt «Auch Spaß muß sein!»
GNAAAAAAAAAAAAAAAAAAAAAAAAAAAAAAAAAAAAAAA AAAAAAA ...

‹Hermann› writes:
Dabei haben wir noch nicht einmal den Zenit erreicht: Auf dem Sektor Clowns heißt der Superlativ subtiler Grausamkeit: Weißclowns. Und dann gibt's noch immer die Pantomimen. Ich hatte gehofft, daß der natürliche Selektionsdruck den Mantel des Schweigens und Vergessens über eine Spezies Humanoider breiten würde, die nicht mal fähig ist, aus einer bloß imaginierten Telefonzelle auszubrechen. Die Natur kennt halt kein Mitleid ...

‹neuwinger› writes:
Weißclowns – sind das die mit den aufgeschminkten Tränen? Falls ja, handelt es sich hierbei in der Tat um das Widerwärtigste, Tiefste und Abgeschmackteste, das die Evolution hervorzubringen imstande sein kann. Ich habe alles, was nur im entferntesten nach Clown riecht, schon immer zutiefst verabscheut, seien es nun die Kaikukas, Ronald McDonald oder sonst wer – nur ein einziger Clown hat mich interessanterweise nie sonderlich genervt: **Enrico**. Vielleicht liegt es einfach an seiner – für Clowns erstaunlichen – Fähigkeit, in einigermaßen vollständigen Sätzen zu sprechen ... 8o)

‹Heidrun› writes:
Wow, mir geht's genauso! :-)

‹Sue› writes:
«Liebe-liebe-Liese-lotte!!! Soll ich sagen? Ja? Soll ich wirklich sagen?»

‹Susu› writes:
«Ich sag niiiicht!» ;-))))

‹Bine› writes:
Hey, habt ihr schon **Bolek und Lolek** gesehen? Auf w1? Die hab ich als Kind nieee ausgelassen.

‹Nic› writes:
Übrigens … **Nick Knatterton!** Kombiniere …

‹Sue› writes:
Ja! Super! Mit der karierten Knickerbockerhose und der Pfeife. In einer Episode gab es einmal eine Verfolgungsjagd im Kanal – das hat mich fasziniert. Von da an hab ich irrsinnig viel Detektiv gespielt mit meiner Freundin. Wir haben in den Pausen die Mädchen aus der achten Klasse beschattet ;-)

‹Harald› writes:
Kann sich noch wer an die **Sindbad**-Zeichentrickfilme erinnern? Sindbad hat immer am Gürtel gezogen, um stark zu werden. Gab's nur in den 70ern und meist beim **Messefernsehen**, zweimal jährlich. Das ist auch noch so ein Seventies-Kandidat! Und **Schlechtwetterprogramm** – bei Regenwetter in den großen Ferien!

‹Sue› writes:
Stimmt – das ORF-Programm wurde ja nicht mal tagsüber durchgehend gesendet, von der Nacht ganz zu schweigen. Da war in der Früh Kinderfernsehen und Schulfunk, um 10.30 Uhr eine Wiederholung vom Vorabend, für die Schichtarbeiter, und dann war nix bis ungefähr 15.00 Uhr. Das **Schichtarbeiterprogramm** hat mir übrigens einmal «Der Nebel des Grauens» beschert, weil ich alleine mit Grippe zu Hause war. Ich hab mich ja so gefürchtet – am hellichten Tag!

SAMSTAG 14. April

RADIO

Ö 1

6.05 Schubert, Mozart
6.55 Morgenbetrachtung
7.00 Morgenjournal
7.25 Morgengymnastik
7.30 v. Suppé, Johann Strauß
7.55 Aus der christl. Welt
8.05 Fremdspr. Nachrichten
8.15 Rameau, Couperin
9.03 Lächeln gehört zum guten Ton
10.03 Kammerkonzert
11.03 Beethoven
12.00 Mittagsjournal
13.00 Opern von v. Weber, Wagner
14.03 Der Schalldämpfer
14.15 Technische Rundschau
14.30 Geistliche Chormusik
15.03 E. Melkus spielt Violine
15.30 Wir werden Trauer tragen
16.03 Ex libris
17.10 Bach. Konzert für Violine
18.45 Abendjournal
19.45 Hömbergs Kaleidophon
20.00 Das Wunder von Wien. Hörspiel
20.50 Debussy, Ravel, Milhaud
22.10 Musikfeuilleton
22.30 Österreichische Arbeiterbewegung
23.10 Kleine Nachtmusik. Mozart

Ö Regional

5.05 Für Frühaufsteher
6.00 Morgengymnastik
6.05 Bunte Morgenmelodie
6.27 Bauernfunk
6.45 Landesrundschau
7.00 Musikmosaik
7.45 Verlautbarungen
8.05 Familienmagazin
9.00 Suchdienst
9.05 Musik für dich und mich
10.00 Das aktuelle Thema
10.45 Unsere schöne Heimat
11.20 Der Landfunk
11.30 Kleines Kunterbunt
11.45 Autofahrer unterwegs
13.05 Landesrundschau
13.30 Ein kleines Feuilleton
13.45 Franz Karl Ginzkey
14.00 Künstler der Heimat
14.30 Unser Filmgespräch
15.15 Niederösterreich heute
15.30 Wunschkonzert
17.10 Iwan Rebroff erzählt
18.00 Landesrundschau
18.30 Aktuelles für die Frau
18.45 Verlautbarungen
18.55 Das Traummännlein
19.05 Marschmusik
19.20 Sport, Musik und Tips
19.50 Noten und Notizen
19.55 XY weiß alles
20.10 Volksmusik aus den Alpenländern
22.10 Sportrevue
22.20 Tanzmusik auf Bestellung

Ö 3

6.05 Der Ö-3-Wecker
8.05 Bitte recht freundlich
9.03 Stereostudio
10.03 Vokal – instrumental
11.03 Beschwingt um elf
12.00 Mittagsjournal
13.00 Ö-3-Samstagmagazin. Unterhaltung, Informationen, Sport und Musik zum Wochenende, dazw. 14, 15, 16, 17 und 18 Uhr Kurznachrichten
17.40 Nationalligareportagen
18.30 Samstagsport
19.05 Music Hall
19.30 Dr. John
20.05 Da-capo
21.03 Living Blues
22.10 Tour de danse
22.55 Einfach zum Nachdenken
23.10 Musik zum Träumen
0.05 Ö-3-Nachtprogramm

FS 1

MESSEPROGRAMM:

14.00 Immer, wenn er Pillen nahm
14.25 Der Regenmacher

16.30 Die Sendung mit der Maus
Lach- und Sachgeschichten
16.55 Beruf aktuell
Verkäufer
17.00 Neues aus der Landwirtschaft
17.25 Seniorenklub
Rendezvous für Junggebliebene
18.25 Papotin
Gutenachtsendung für Kinder
18.30 Kultur speziell
18.55 Guten Abend am Samstag . . .
. . . sagt Heinz Conrads
19.20 ORF heute
19.30 Zeit im Bild I
20.06 Sport
20.15 Acht nach acht
22.05 Sport
22.35 Zeit im Bild II
22.40 Die rote Schwadron
Western
Mit Robert Ryan, Torin Tatscher u. a.
Regie: Burt Kennedy

FS 2

MESSEPROGRAMM:

10.00 Einladung zum Tanz
11.30 The great Music from Chicago

16.15 Die Forsyte Saga (10)
(Wh. v. 11. April 1973, FS 1)
17.05 Das Mädchen und der schwarze Hengst
Tschechoslowak. Jugendfilm (1961)
Mit Jorga Kotrbová, Jaroslav Nekolný, Zora Jiráková, Milan Jedlička, Pavel Bártl u. a.
18.30 Das Patenkind
Ein freudiges Ereignis
18.55 Musiknachrichten
Von Dr. Harald Goertz
anschl. Wir spielen Blockflöte
Kurs 2, Folge 5
Erstes Musizieren auf der Sopran-Blockflöte
Leitung: René Clemencic
Regie: Paul Stockmeier
19.30 Zeit im Bild I
20.00 ORF heute
20.06 Sport
20.09 Bildung – kurz – aktuell
20.15 Max Hoelz
Ein deutsches Lehrstück von Michael Mansfeld
Mit Günter Mack, Heinz Weiss, Hans Peter Thielen, Dieter Borsche, Martin Hirthe, Ulrich Matschoss u. a.
Regie: Rudolf Nussgruber
21.40 Zeit im Bild I (Wh.)

ausland

ARD: 14.45: Maxifant und Minifant – Für Kinder **15.45:** Kennen Sie Kino? – Fernsehquiz für Kinogänger **20.15:** Acht nach acht – Int. Quiz

ZDF: 16.05: Wer ist hier Direktor – Fernsehfilm mit Willy Millowitsch **18.45:** Die Hitparade – Präsentiert von Dieter Thomas Heck **20.15:** Orient-Expreß – Deutscher Spielfilm aus dem Jahre 1944

Schweizer TV: 16.45: Jugend-TV – Tabouret. **17.55:** Magazin Privat – Aktuelles für die Küche. **20.15:** Acht nach acht – Int. Quiz

NÄCHSTE TV-WOCHE

Seit Beginn „Erkennen Sie die Melodie?"-Assistentin: Monika Strauch

Luis Trenker erzählt Geschichten über den Monte Rosa

Andics über Vorarlberg in seinem „Report in Rotweißrot"

Sonntag, 15. April

11.55 FS 1
CSSR–Finnland
Eishockey-WM in Moskau
20.15 FS 1
Smog. Fernsehspiel
12.00 FS 2 *
Tischtennis-WM in Sarajewo
15.25 FS 2 *
UdSSR–Schweden
Eishockey-WM in Moskau
Anschließend: Moto-Cross-WM-Lauf in Sittendorf
Zirka 19.00 FS 2 *
Traber-WM in der Wiener Krieau
20.15 FS 2
Erkennen Sie die Melodie?

Montag, 16. April

20.15 FS 1
Jason King
22.30 FS 1
Management (15)
21.10 FS 2
Aus der Werkstatt der Filmakademie
21.40 FS 2
Die Galerie. Aktuelle Kunstberichte

Dienstag, 17. April

18.00 FS 1
Das andere Helgoland. Reportage
20.15 FS 1
Rendezvous mit Tier und Mensch
21.05 FS 1
Die Junggesellenparty. Spielfilm
20.15 FS 2
Musik zum Ansehen
21.05 FS 2
Krebsforschung heute

Mittwoch, 18. April

16.30 FS 1
Der Papagei. Puppenspiel
17.35 FS 1
Antenne
20.15 FS 1
Horizonte
21.05 FS 1
Die Forsyte Saga (11. Folge)
21.00 FS 2
30 Jahre nach dem Aufstand im Warschauer Ghetto

Donnerstag, 19. April

18.00 FS 1
Meditation am Gründonnerstag
20.15 FS 1
Report in Rotweißrot – Vorarlberg
21.15 FS 1
Nicht Lob – noch Furcht
Dokumentarspiel
20.15 FS 2
Auserwählt in Jerusalem
21.15 FS 2
Arik Brauer. Film von Wolfgang Lesowsky

Freitag, 20. April

17.30 FS 1
Evangelischer Karfreitagsgottesdienst
20.15 FS 1
Die Leiden-Christi-Spieler von Erl
Film
21.30 FS 1
Händel-Orgelkonzerte
20.15 FS 2
Ein Film für Karfreitag

* Änderungen der Beginnzeiten möglich

12: Messefernsehen zweimal im Jahr – auch so ein Seventies-Kandidat!

‹Mona› writes:

Pan Tau hat mir sehr gefallen. Kann sich jemand noch an das Ritual erinnern, wenn er sich klein bzw. wieder groß gemacht hat? Ich weiß nur mehr, daß er ohne seinen Hut (eine Melone) aufgeschmissen war.

‹PowerFox› writes:

Stimmt genau. Er mußte sich nämlich an den Hut tippen, mit dem Finger entlang an der Krempe rundherum fahren und dann oben drauf klopfen …

‹Adalbert› writes:

… und solange die Melone naß war, hat's nicht funktioniert!

‹Mona› writes:

Wickie und die starken Männer!

‹Uli› writes:

Wickie! Den hab ich sehr gemocht. Am besten hat mir immer gefallen, daß er – wenn er eine gute Idee hatte – sie dem Papa ins Ohr flüsterte, damit der als Chef nicht blöd dasteht, weil er nicht selber draufgekommen ist.

‹Sue› writes:

«Hey hey Wickie, hey Wickie, hey, zieh fest das Segel a-han!» Wenn er über eine Lösung für ein Dilemma nachdachte, rieb er sich eine Weile das Stupsnäschen, und dann rief er «Ich hab's!», schnipste mit den Fingern und tausend Sterne krönten sein Haupt.

‹Carlos› writes:

Wickies kleine Freundin Ilvy war auch sehr lieb. Und einer sagte immer «Ich bin entzückt!» und machte einen Luftsprung.

‹Elli› writes:

Ich hab übrigens den Wickie für ein Mädchen gehalten. Er hatte ja recht lange Haare. Und außerdem hatte er so eine Art Röcklein an!

‹Sue› writes:

Ging mir anfangs auch so. Wer kann übrigens noch den ganzen Text vom Wickie-Lied? Mir fehlen ein paar Zeilen. Zum Beispiel die nach «… hey, hey, Wickie, die Wikinger …»

‹Heidrun› writes:

«… sind hart am Winde dran …» (Wobei das mit den Wikingerschiffen und ihren Segeln ja gar net möglich war …)

‹Sue› writes:

Oder: «… die Angst vorm Wolf macht ihn nicht froh …» und wie geht's weiter?

‹Nic› writes:

«… und im Taifun ist's ebenso / doch Wölfe hin, Taifune her …»

‹neuwinger› writes:

«Hey hey Wickie / hey Wickie, hey / zieh fest das Segel a-han / hey hey Wickie / die Wikinger / sind fest am Winden dra-han / Nanananana nanananananana Wickie! / Die Angst vorm Wolf macht ihn nicht froh / und im Taifun ist's ebenso / doch Wölfe hin, Taifune her / die Lösung fällt ihm gar nicht schwe-her / hey hey Wickie …» (da capo)

‹Hene› writes:

Werter Herr Neuwinger! Da muß ich jetzt nachfragen, nämlich betreffs «am Winden». Winden die Wikinger den Lorbeer- oder den Blütenkranz??? Wenn ja – für wen??? Oder winden die Wikinger etwa sich selbst, möglicherweise auf Deck, etwa wegen Übelkeit oder Rauschzuständen? Erbitte nähere Angaben dazu, weil da bin ich wirklich sehr interessiert!!!

‹ULLI› writes:
«Hart am Wind» heißt es, denn sie sind ja gesegelt, und «hart am Winde» ist eine Beschreibung für einen Kurs!

‹neuwinger› writes:
Nö: Daß die Tatsache, daß die Wikingerschiffe immer noch munter vor sich hin schiffen, wenn aller anderen Schiffe längst festsaßen wie Springläuse in Aspik, darauf zurückzuführen sei, daß sie einen gefinkelten Zick-Zack-Kurs gegen den Wind steuerten, ist ein Gschichtl. Jüngste Forschungsergebnisse bestätigten, daß sie auf noch unerklärte Weise (hochgradig besetzte Teams der Universität Uppsala sowie der US-Navy beschäftigten sich zur Zeit mit dieser Frage) in der Lage waren, bei Flaute ihren eigenen Wind herzustellen, eine mit dem Verb «winden» bezeichnete Tätigkeit. Im Fall einer sich abzeichnenden Flaute waren die Wikinger also hart am Winden dran. Und warten Sie nur ab, Herr Hene, was ich mit Ihnen mache, wenn ich Sie das nächste Mal bei einem Tippfehler erwische … ;-)))

‹Mona› writes:
Was ist mit **Pippi Langstrumpf**!

‹Harald› writes:
Pippilotta Viktualia Rollgardinia Pfefferminzia Ephraims Tochter Langstrumpf! Soviel Zeit muß sein. ;-)
Übrigens: Drei mal drei macht sechs, wide wide witt, und drei sind neune!

‹Stefan› writes:
Eine Eigenproduktion des ORF: **Das kleine Haus** mit Heinz Zuber und Lieselotte Plauensteiner!

‹Carlos› writes:

Der Vorläufer von **Am, dam, des**. Das hab ich schauen dürfen, wenn ich krank war. In einem rhombenförmigen Fenster war immer ein Symbol für die nächste Szene – ich erinnere mich nur mehr an des Scheren-Symbol, das hat geheißen: jetzt wird gebastelt. Da waren immer zwei Kinder eingeladen – ein Bub und ein Mädchen.

‹Elli› writes:

am dam des
dise male pres
dise male pumpernes
am dam des

‹Sue› writes:

Aber **Barbapapa**! Mein Lieblingsbetthupferl! Das will ich wieder sehen! Barbapapa, Barbamama, Barbabella, Barbaletta, Barbarix, Barbabum, Barbakus, Barbabo, Barbalalaaa!

‹Harald› writes:

Kommt und besucht mal Barbapapa
es macht viel Spaß!
Mit der Familie Barbapapa
Im Fernsehglas die Barbapapas,
sie können sich formen wie sie wollen
dick oder dünn
kurz oder lang
kommt und besucht mal Barbapapa!

‹Harald› writes:

Hehe, das konnte ich damals so singen, daß es zweistimmig klang.

‹Bernard› writes:

Mich hat immer fasziniert, daß die Jungs am Boden entlangwabbelten, während die Mädchen mehr hüpften! Und jedes Kind konnte was besonders gut: Einer war der Sportler, einer der Künstler, einer war ganz stark, eines der Mädchen konnte gut singen und eines las die ganze Zeit … die waren einfach super! Meine Mama mußte mich immer ganz pünktlich vom Kindergarten abholen und dann mußten wir ganz schnell nach Hause – denn die Barbapapas durfte ich keinesfalls versäumen!

‹Elli› writes:

Und das Haus, in dem sie gewohnt haben! Ganz stark! So eine Burg mit Löchern drin. Und die Barbapapas konnten sich mühelos durch die Fenster «raustropfen» lassen.

‹Sue› writes:

Ich erinnere mich noch gut an die Folge, in der Barbapapa und Barbamama die Kinder bekommen haben. Sie legten die Eier in die Erde, und nach einiger Zeit schlüpften die Kinder raus. Jedes in einer anderen Farbe, und die Mäderln hatten ein Blumenkränzchen am Kopf. Die Überraschung war groß, als der letzte aus seinem Ei kam: Es war der schwarze Barbabo, er hatte als einziger ein Fell. :-)

‹mrd› writes:

Ja! Genau! Ich will die Barbapapas wiedersehen!!!! Bringen wir doch einen Antrag auf Wiederholung ein. Zu vernünftigen Sendezeiten natürlich ;-)

‹Hermann› writes:

Jö! Da wird einem warm ums Herz!
Was ganz Entscheidendes fehlt allerdings noch: **Capuccetto**! Kann sich wer

an diese Kultsendung erinnern? War von der Stimmung her ein Vorläufer von **Twin Peaks**, nur für Kinder halt. Puppenspiel mit Figuren an Drähten. Da gab's **Lupo**, den bösen Wolf, der dem kleinen Capuccetto immer den Kuchen klauen wollte, aber eigentlich ein leiwander Kerl war. Und das Obskurste: Singende Schwammerl, die während der Sendung immer das Geschehen mit ihren Songs kommentierten. «Nur uhuuunser Capuccetto!»

‹Adalbert› writes:
Ah jaaaaaaa! Das war bei mir ganz verschüttetes Wissen!

‹Hermann› writes:
Oder erinnert sich noch jemand an Klexi, den Tintenfisch? Das war ein Scherenschnitt, zu Filmsequenzen verarbeitet, eine ganz archaische Form der Animation. Das war die ultimative Gute-Nacht-Sendung für die Kleinsten – dagegen war die Maus vom Mars ein Lapperl!

‹a:R.› writes:
Meine frühere Lieblingstrickserie: **Es war einmal der Mensch** mit Josef Meinrads sonorer Stimme und seeehr leiwand. Dazu **Udo Jürgens** «Wassss issss Zeit ... tauseeeend Jahrrre sind ein Tag!»

‹Uli› writes:
Jajajajajaaa! War absolut geil. Und die Stimme von Meinrad – ach, ich hab ihn geliebt! Und die Gschichtln waren toll.

‹Mandy› writes:
Die Frage «Wer hat an der Uhr gedreht / ist es wirklich schon so spät?» stellt sich heute wahrscheinlich öfter als in früheren Tagen, aber leider nicht mit dieser angenehmen Vorfreude des tröstlichen «Heute ist nicht alle Tage / ich komm wieder, keine Frage!»

13: Was ich mir, wenn ich krank war, gerne reingezogen habe, war der Russischkurs am Vormittag

‹Sue› writes:

Ja, ja! **Der rosarote Panther** ist auch sehr seventies. Dieses blaue Tier (Elise? Ein Ameisenbär?) rang im Vorspann mit Paulchen Kopf an Kopf und mit geballten Fäusten. Das hat mir gefallen. Oder die Sanduhr, wo Paulchen in der oberen Glashälfte lag und dann mitsamt Strandliege und Sonnenschirm runterplumpste …

‹Andrea› writes:

Black Beauty!

‹Uli› writes:

Ja, und **Fury**, auch ein schwarzer Hengst. Weiß aber nicht mehr, ob das eine Serie oder ein Film war …

‹a:R.› writes:

Was ich mir, wenn ich krank war, gerne reingezogen habe, war der **Russischkurs** am Vormittag! Oder auch den **Seniorenclub**. :-)
Und eine meiner Lieblingssendungen war das **Panoptikum**.

‹Bine› writes:

Ja, ja, da hat es einmal einen Beitrag über weitspringende Riesenkröten gegeben. Die haben sie am Hintern gekitzelt, damit sie hüpfen – das hat mich schwer beeindruckt!

‹neuwinger› writes:

Panoptikum war vermutlich unser aller erster Kontakt mit dem 7/8 Takt.
Dave Brubeck, «Unsquare Dance»
8-)

‹Uli› writes:

Ja genau, das Handclapping am Anfang von «Unsquare Dance», das wurde für die Titelmusik von Panoptikum verwendet.

‹Silvio› writes:

Und die traumhafte Grafik dazu! Damals waren übrigens auch das erste und das zweite Programm noch durch gelbe und blaue Einser und Zweier, bestehend aus je drei Linien, symbolisiert!

‹Maus› writes:

2x7 mit Fuchs und Eule! Die waren ja auch gut. Die beste Programmvorschau.

‹Mandy› writes:

Apropos Titelmelodie – da fällt mir die **Onedin Line** ein! Der James Onedin war schon ein toller Bursche, und erst die Segelschiffe …!

‹Hermann› writes:

Ja! Und der tapfere Maat! Dem ist doch im Sturm irgendein Trum auf den Haxen gefallen! Jedenfalls war eine Operation angesagt und der James hat ihm eigenhändig das Bein abgesägt! Und, wenn ich mich recht erinnere, hat der James doch zum Aufbau seiner Linie eine reiche, aber häßliche Frau geheiratet, die aber vom Charakter wirklich nett war. Und der James ist – obwohl von der Damenwelt heftig umworben – treu und loyal an ihrer Seite gestanden. Was für ein Kerl!

‹Heidrun› writes:
Aber ist die nicht gestorben, und dann hat er die Schöne geheiratet? Und der Sohn aus erster Ehe von der Schönen, der hat sich mit dem Pferd derstessen.

‹Hermann› writes:
Ja, stimmt, die erste Frau ist dann an einer schweren Krankheit gestorben und er hat wieder geheiratet. Aber die Schöne – war das nicht seine Schwester? Oder Schwägerin? Jede Menge Dramen jedenfalls, auch auf gesellschaftlicher Ebene, weil die ganze Londoner Society den Geldadeligen James nicht akzeptieren wollte. Er hatte einen schweren Stand – aber, wie Helden nun mal so sind, zeigt er ihnen dann, wo's lang geht!

‹Heidrun› writes:
Stimmt – die Schwester war's! Und es gab auch einen Bruder, der verzweifelt versucht hat, das Geld zusammenzuhalten …

‹Uli› writes:
Und da waren noch **Die Waltons**, mit ihren immer zu lösenden Problemchen und dem ewigen Gute-Nacht-Gesage (Gute Nacht, Sue-Ellen – Gute Nacht, Pa – Gute Nacht, Ma – Gute Nacht, Joe? Wie hießen die nochmal alle??) Der eine Typ hat jedenfalls ein Tagebuch geführt, aus dem heraus er dann Bücher geschrieben hat. Eine Weile haben die ohne Ma gespielt. Die kam nur in Erzählungen vor (da hat es wohl ein Gagenproblem gegeben oder so). Und da war auch noch so ein ganz altes Auto, das sich Will(?) selber hergerichtet hat. Ha, und John-Bob hat es einen gegeben, fällt mir grad ein …

‹Harald› writes:

Die mochte ich nie so recht, die waren mir ein bisserl zu arm. Alles immer so tragisch, knapp am Existenzminimum, aber dafür haben wir uns alle so lieb …

‹Hermann› writes:

John-Boy war der Älteste, der hat die Bücher geschrieben und hieß nach dem Vater John. Dann gab's noch Mary-Ellen, weiter weiß ich nicht mehr.

‹Sue› writes:

An **Spotlight** erinnere ich mich. Mit dem jungen Peter Rapp!

‹Harald› writes:

Und ich erinnere mich an die Bundeshymne am ORF-**Sendeschluß** mit wehender Fahne!

‹Heidrun› writes:

Das erste Mal bis Sendeschluß fernsehen, das war auch was, womit man/frau angeben konnte … :-))

‹Andy› writes:

… und dann kam das **Testbild**.

‹Harald› writes:

Nächstes Stichwort: 100 Meisterwerke. Später waren es dann 1000.

‹Hermann› writes:

Wann gab's 100? Kann mich nur an die öde 1000 erinnern … Mit dieser wundervoll einschläfernden Stimme!

14: Leckerschmecker – die waren doch so ähnlich wie die 3 Musketiers!

15: Ich hab mich meine Kindheit über die ganze Eskimo-Palette hochgearbeitet vom Brickerl bis zum Cornetto.

16: An ganz tollen Tagen hab ich einen Paiper gekriegt. Der war das Höchste für mich.

17: Hundert Tafeln Bensdorp-Schoko, so habe ich mir den wahren Reichtum vorgestellt.

18: Die Manner-Karamellen waren eine Zahlungseinheit!

19

20: Damals gab es ganz lange, zungenförmige braune Lutscher mit einem gelben und einem roten Streifen.

21: Sunkist in Tetraeder-Form! Das will ich wieder haben!

22: Diese Viecherln gab's also wirklich? Hätt ich nicht gedacht.

23: Ein Hammer aller Zeiten waren diese Sammelalben, wo man um ein bißchen Geld 4 Pickerl in einer Hülle kaufte.

24

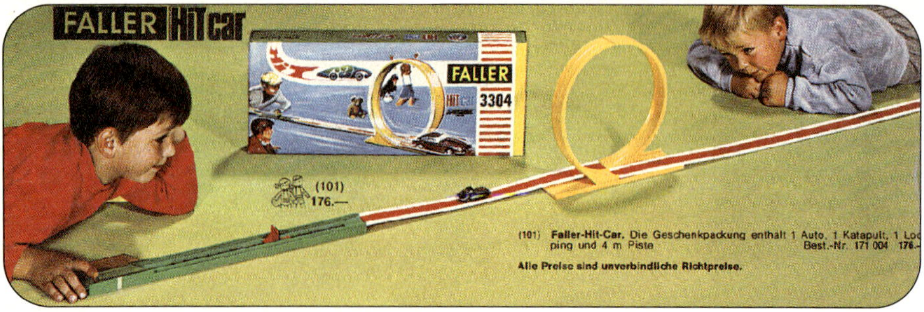

25: Die Autobahnen waren super! Und sooo gerne hätt ich eine Garage gehabt mit Tankstelle für meine 13 Matchbox Flitzer.

26

27: Bei mir ging es immer so zehn bis zwanzig Mal und dann VOLLE Wäsche aufs Handgelenk!

28: Ich wollt immer eine Miniatur-Puppenküche aus Blech, wo man das Backrohr richtig beheizen konnte und in den Boiler Wasser einfüllen.

30: Eine ganz frühe Puppe von mir, aus Babytagen, war ein Stehaufmännchen.

31: Ein Klapprad hatte ich auch, in bronze (oder doch grün-metallic?)

32: High Riser fahren! Ich hatte einen gelben mit urbreiter Lenkung und Dreigang-Knüppelschaltung.

33: Mein ganzer Stolz war
ein Küchenkasterl-Element!

34: Wenn meine Eltern
es eilig hatten, haben wir
vorher die Straßenseite
gewechselt, weil ich vom
Matadorgeschäft nicht mehr
rauszubekommen war.

35: Damals glaubte ich noch an eine natürliche, gottgewollte Ordnung der Dinge, z. B., daß sich Jolly-Buntstifte farblich nahtlos überlaufend in ihrer Packung anordnen lassen müssen.

36: Wir hatten ein ganz simples Tennisspiel für den Fernseher: zwei Balken, ein Ball.

37: Wir schmeicheln und schmeicheln und schmiegen uns an, und an der Wäsche spüren Sie's dann!

38: Erst später hab ich festgestellt, daß der Tintifax GRÜN ist!

39: Barbarella, Barbaletta, Barbarix, Barbakus, Barbabum, Barbabo, Barbalala – kommt und besucht mal Barbapapa!

40: Sie sind der Meinung, das war – SPITZE!

41: An Spotlight
erinnere ich
mich – mit dem
jungen Peter Rapp.

42: Hey, Wickie, hey – zieh fest das Segel an!

43: Ich hatte eine fantastische weiße Synthetikfellhaube, die man unter dem Kinn zuband. Mit der sah ich aus wie eine Astronautin.

44: Damals war ja noch Badehaubenpflicht! Die Frauen hatten so gerüschte Ungetüme auf.

45: Ende der Siebziger, Anfang der Achtziger sehr gefragt: Stöckelsandalen und Pantoffeln aus PVC-Holz.

46: «Very seventies» waren auch taillenkurze, fledermausähnliche Pullis mit hohem Strickbündchen.

47: Welcher kranke Geist hat Hosenröcke erfunden?

48: Trockenhauben gab es auch als Heimmodelle!

49: Ich hab unsere Küche vollgepickt mit den Pril-Blumen, sehr zur Freude meiner Mutter.

50: In den Siebzigern der letzte Schrei: Fototapeten mit Sonnenuntergang am Palmenstrand.

52

53

51: Als Ornamente sehr beliebt waren riesige Blumen und Kugeln. Weiße Fellteppiche, braune Schnürlsamtsofas, dazu Rauchglas-Couchtischchen. Und natürlich Betten mit eingebauten Radios und Lampen.

‹**Nic**› **writes:**

Und **Einer wird gewinnen** mit Kulenkampff! Und dem Stuhl auf der Treppe am Ende für den Finalisten. Das hat am Samstag abend die Straßen leergefegt und war noch am Montag Gesprächsthema Numero eins. Und die fesche Assistentin – immer neu gestylt. Wie hat die geheißen?

‹**a:R.**› **writes:**

Gabi Kimpfl (Kein Witz!)
Und jetzt ist der Kulenkampff tot. Ich habe EWG geliebt.

‹**Dagmar**› **writes:**

Nicht nur du! * snief*

‹**Nic**› **writes:**

Auch * snief*. Was wohl aus der schönen Gabi geworden ist?

‹**Hermann**› **writes:**

Vico Torriani ist auch tot! **Der goldene Schuß** – meine ersten Fernsehimpressionen. «Der Kandidat hat neunundneunzig Punkte!». Oder waren meine ersten Impressionen doch aus **Wünsch dir was**? Jössas, der Alzheimer. (Der Vorteil dieser Krankheit: in fünf Minuten werde ich vergessen haben, daß ich's hab!) Da fällt mir noch ein: **Dalli Dalli** mit dem kleinen Hans Rosenthal, auch schon tot.

‹**Andrea**› **writes:**

«Sie sind der Meinung das war – SPITZE!»

‹**PowerFox**› **writes:**

Jöö – das hab ich auch immer gerne gschaut!
8-)))

‹Carlos› writes:

Wer dreimal lügt mit Günther Tolar!

‹a:R.› writes:

Und **Was bin ich** mit Robert «Welches-Schweinderl-hätten'S-denn-gern» Lembke! Der Guido fängt an, machen Sie bitte eine typische Handbewegung, POOOOONNNG!

‹Sue› writes:

Und **Rudi Carell**, damals noch nicht weißhaarig, mit seiner Sendung **Am laufenden Band**. Millionen Zuseher zählten eifrig mit, was sie alles gewonnen hätten, wenn sie der Quizkandidat gewesen wären ... Diese deutschen Shows – und Shows überhaupt – hab ich immer schon gehaßt. Aber das war das einzige aus dem Erwachsenenprogramm, das ich mir anschauen hab dürfen ... Alles, was ein richtiger Film war, und/oder spät am Abend gesendet wurde, war ja verboten ;-)

‹a:R.› writes:

Klimbim! Mit Ingriiiid Steeeger.

‹Nic› writes:

Ringstraßenpalais! :o)

‹neuwinger› writes:

Soweit ich sehe, wurde eines hier unbegreiflicherweise noch mit keinem Wort erwähnt: **Der ganz normale Wahnsinn**!!! Mit Towje Kleiner. 8o))

‹Adalbert› writes:

77 Sunset Street – kennt noch wer diese TV-Serie? (Fragt meine Frau)

‹Harald› writes:
Kenne nur die Titelmelodie – und die lautet aber auf «77 Sunset STRIP» …

‹Andy› writes:
Das war eine Lieblingssendung von mir. Ganz besonders hat mir der eine mit der krächzigen Stimme gefallen, ich glaube er hat Cooky geheißen – oder so ähnlich.

‹Uli› writes:
Derek Flint – hart wie Feuerstein. Hat mich immer fasziniert, wie der Typ zwischen zwei Sesseln gelegen ist – den Kopf auf dem einen, die Füße auf dem anderen, der Körper dazwischen steif in der Luft.

‹Carlos› writes:
Und **Kung Fu** wurde ganz plötzlich in unserem Kulturkreis bekannt. Durch eine TV-Serie mit chinesischen Kämpfern … Die Kinder haben das nachgeahmt und – wüste Laute ausstoßend – in die Luft getreten und geboxt ;-)

‹Harald› writes:
Die Rebellen vom Liang Shan Po? Oder dieser US-China-Detektiv mit rundem schwarzen Hut, der immer von weißen Schauspielern gespielt wurde?

‹Sue› writes:
Der Name **Sandokan** ist mir in Erinnerung … war das auch etwas im Fernsehen?

‹Heidrun› writes:
Ja! eine dreiteilige Serie mit einem indischen Prinzen(?), der furchtbar heldenhaft war und gegen die bösen Engländer gekämpft hat.

‹Uli› writes:

Die Zwei mit Roger Moore und Tony Curtis! Für die Sprüche hab ich sie geliebt!!!!!

‹neuwinger› writes:

Damen und Herren, ich muß feststellen, daß hier sträflich auf **Simon Templar** und sein schönstes Auto aller Zeiten, den weißen Volvo p 1800, vergessen wurde! ts ts ts 8o)

‹Hermann› writes:

Hatten wir eigentlich schon den **Jason King**? Der hat mich damals wirklich schwer beeindruckt. Ich dachte immer: Aha, so is des also, wenn man erwachsen ist. Da erlebt man die ganze Zeit urleiwande Abenteuer, fahrt mit schnellen Autos und schönen Frauen rum und klopft flotte Sprüche. Erst vor zwei, drei Tagen bin ich dahintergestiegen, daß ich mich damals geirrt hab – und nicht nur darin, daß man nie erwachsen wird ;-)

‹Uli› writes:

Ich fand ihn auch sehr lässig, obwohl ich irgendwie nicht damit zurecht gekommen bin, daß er zwar tolle Autos fährt und schick angezogen ist, aber trotzdem immer schmuddelig ausgesehen hat (besonders die Haartracht und die Koteletten!)

‹Harald› writes:

Der war «Mr. Seventies» schlechthin! Vom Hemdkragen über Frisur bis Goldkettchen. Hier noch zwei Original-Jason-King-Sprüche (von einem Informanten): Jason bezahlt einen Taxifahrer. «Um den Rest kaufen Sie sich eine Eigentumswohnung!» – Jason telefoniert mit seinem Schneider in Hongkong: «Und die Knöpfe möchte ich aus echtem Dukatengold und nicht wieder aus so einer eingeschmolzenen Trompete!»

‹Sue› writes:
* smile*

‹Bine› writes:
Montags-Serien gab es einige – ich kann mich noch erinnern an (wie könnt ich nicht, is ja lang gnua grennt) **Dallas, Dynasty – der Denver Clan, Das Haus am Eaton Place**, dann …? England, kleiner Landadel, Pferd, Narbe auf der Wange, eingefleischter Junggeselle im … pfffff … 18. Jahrhundert vielleicht, und dann kommt des junge Madl daher … ich hab die Serie wirklich geliebt und weiß nimmer wie's geheißen hat – auf jeden Fall wie der Titelheld … Na, weiß es wer?

‹Dagmar› writes:
Meinst du vielleicht **Poldark**?
War echt cool!!!

‹Bine› writes:
Jaaaa! Poldark, genau!!! Danke danke danke suuuupi!
Hach, auf den Typen bin ich damals total gestanden. Harter Mann mit weichem Kern und so.

‹Dagmar› writes:
* schmelz* Ich warte schon seit Jahren, daß diese Serie einmal wiederholt wird. War damals der Ur-Renner! Und seine Frau, die entzückende Demelza! Wie heißen nochmal die Leute: Ross Poldark, seine Frau Demelza, Elizabeth, die später diesen Schleimi heiratet, dann der Arzt, an dessen Namen ich mich nicht erinnern kann usw.
Apropos Serien:
Petrocelli … **Drei Engel für Charlie** …

‹Uli› writes:
Drei Engel für Charlie – schöne Mädels und ein cooler Typ, sehr sexistisch, heute würde die Ausstrahlung wohl am Votum der Emanzen scheitern ;-))

‹Gerda› writes:
Die Ausstrahlung erfolgt gerade wieder am Nachmittag auf irgendeinem Privatsender ... bis jetzt habe ich von keiner Emanze gehört, die sich erregt hätte :-) Es gibt unter den aktuellen Sachen wirklich Schlimmeres als dieses altmodische Seriendingsbums ...

‹Hene› writes:
Soap – die Mutter aller Seifenopern! Haben sie damals am Sonntag spätabends gebracht!!!

‹Harald› writes:
Stimmt – war damals hart an meinem Schlafengeh-Limit ... War eigentlich eine Parodie auf Soaps, wurde aber mittlerweile von der Realität heutiger Soaps längst eingeholt: schwuler Sohn, fremdgeherischer Altensex, Drogen ...

‹Bine› writes:
Und **Die Straßen von San Francisco** natürlich! Und **Kojak** kommt bestimmt auch wieder einmal ins Fernsehen :-)

‹Sue› writes:
Ich kenn das alles nur vom Hörensagen – ich war damals noch zu jung für das Nachtprogramm ;-)
Dafür kenn ich sämtliche s/w-Filme der 40er und 50er Jahre, mit Knisterton und Wackelbild, zeitverzögerter Synchronisation und gelegentlichen Filmrissen. Diese alten Schinken haben wir uns Samstag nachmittag im Familienverband angeschaut – alles jugendfrei ;-)

‹PowerFox› writes:
Tja, _das_ waren damals noch Stars – Heinz Rühmann, Paul Hörbiger, Hans Moser, O. W. Fischer, Romy Schneider … * schwelg * Ich habe auch nur am Samstag nachmittag ferngesehen, weil ich da immer bei der Omi war.

‹Uli› writes:
Aktenzeichen xy – das war immer ein harter Schlag für mich, wenn das auf dem Programm stand. Wenn meine Großmutter sich durchsetzte, dann mußte Edi Zimmermann gesehen werden. Nervtötend! Und dann die Litanei, was nicht alles passieren kann, und wie man ja sieht, ist das nicht nur so dahergeredet. Diese Sendung ist wie das **Traummännlein** – nicht loszuwerden. (ICH HAB NICHTS GEGEN DAS TRAUMMÄNNLEIN GESAGT!)

‹Sue› writes:
Ich wollt damals so gerne im Kino **Die blaue Lagune** sehen – aber das war ab 14. Als ich es vor zwei Jahren im Fernsehen gesehen hab, bedauerte ich dieses «Versäumnis» nicht mehr. So ein Schwachsinn! Ich hab's mittendrin abgedreht.

‹Harald› writes:
Was so alles im Kino lief: Godzilla, **Her mit den kleinen Engländerinnen** und **Schulmädchenreport** …

‹Nic› writes:
Und ich war uuurneugierig auf **La Boum – die Fete**, weil alle soviel darüber geredet haben!

‹neuwinger› writes:
Driiiims ameirialitiiiiii
adiffrntworldwäreiiiiiiileiiiiiktubiiiiiii

‹Nic› writes:
eidrimoflaaavingindeniiit
ändlaaavingsiiimsoureiiiit (…)
* seufz *

‹Heidrun› writes:
Ein paar Jahre davor: **Grease** und **Saturday Night Fever**!

‹Harald» writes:
Grease war meine erste selbstgekaufte Platte. In Saturday Night Fever durfte ich noch nicht rein … Aber ich habe ihn dann in England gesehen, in einer geschnittenen Fassung ab sechs Jahren, und verstanden hab ich kein Wort.

‹Heidrun› writes:
Damals is es mir ja noch nicht aufgefallen, aber die Olivia Neutron Bomb war doch sicher schon trans 30, als sie in Grease die 17jährige Highschool-Schülerin gespielt hat :-))

‹Harald› writes:
Das wurde DAMALS bereits breit diskutiert!

‹Sue› writes:
Olivia Newton John: Mein erster Kino-und-nicht Zeichentrick-Film: **Xanadu**! Oder hab ich den erst später gesehen? Weiß nicht mehr, jedenfalls war der Titelsong lange Zeit mein Lieblingslied.

‹Gerda› writes:
Meine Favourites waren **Hair** und **Convoy**. Da ich etwas hochgeschossen war, schaffte ich es, mit 13 Jahren in Convoy zu kommen, obwohl der erst ab 16 war. Was war ich stolz – und heute senden sie ihn im Kindervormittags-programm … so ändern sich die Zeiten – find ich irgendwie nicht ganz okay.

‹PowerFox› writes:

ich auch nicht – weil ich da hackeln muß ;-)
Aber an den Film erinnere ich mich noch gut, der wurde dann später mal so gegen Mitternacht im Fernsehen gespielt und da hab ich extra bei meiner Oma (der mit dem Fernseher) übernachtet, weil die anderen alle so geschwärmt hatten. War gut! 8-)

‹Heidrun› writes:

Italo-Western waren doch auch in den 70ern – oder? Dazu die Musik von Ennio Morricone …
Ouououo, uaa uaa uaa …

‹Dagmar› writes:

Wenn ich heute mein altes Tagebuch lese, werde ich sentimental. Oh Gott, mit zwölf war ich total verliebt in Mr. Spock! Und ich glaub es kaum, auch in John Travolta! Yes! Saturday Night Fever rules forever!

‹Heidrun› writes:

Bei mir war es **Winnetou**, bzw. Pierre Brice, von neun Jahren weg (da hatte ich Angina und hab den ersten Karl May-Wälzer gelesen).

‹ULLI› writes:

Mein erster Kinofilm war, glaub ich, **Elliot das Schmunzelmonster**.

‹Nic› writes:

Bei **Watership down – die große Hasenjagd** sind mir literweise die Tränen runtergeronnen. **Flashdance** nicht zu vergessen! Mit Jennifer Beals. Bin auf den Soundtrack voll abgefahren. Oder «Oceans of Fantasy», das war eine Boney M. Platte mit schier unglaublichem Cover. Alle in Fischnetzen und Glitzer-Unterwasser-Zeugs und Harpunen und Dreizack, machen auf Neptun und Nixen rund um einen Unterwasserthron. A Wahnsinn! :o)))

‹Harald› writes:

Hatten wir die **Bay City Rollers** schon? Und **Sailor**?

‹Uli› writes:

Da muß ich aber bitte auf meinen Chrissi-Boy und seinen **Smokie** bestehen! Der Kampf gegen die BCR-Anhängerinnen in der Klasse ist Legende …

‹Nic› writes:

Vicky Leandros (1972), ABBA (1974) und «Save your kisses for me› (Brotherhood Of Men, 1976) gewinnen den Songcontest. Österreich erreicht sogar einmal Platz 5 mit **Waterloo & Robinson** («My little World» 1976). Ein Jahr später: **Die Schmetterlinge** auf Platz 17.

‹PowerFox› writes:

Aber Ludwig Hirsch und Wolfgang Ambros gab's damals auch schon.

‹Harald› writes:

Meine erste Musikkassette (von Donauland) war die Kinderfernseh-Hitparade mit den Titelmelodien von Flipper, Skippy etc. Hör ich noch immer gern! Oder: Schallfolien!

‹Batesman› writes:

Bist mir wieder einmal zuvorgekommen. Hab letztens bei meinen Eltern eine solche Single rumliegen gesehen. Vom YPS-Heft, glaub ich. Mecki Spaghetti, falls es dich interessiert ;-)
Und Walgesänge hatte ich auch, vom National Geographic Magazine …

‹neuwinger› writes:

Ich heiße Mecki
Mecki Spaghetti
Lange dünne Nudeln sind mein Leibgericht

Und alles andre mag ich nicht.
8o)))))

‹Heidrun› writes:

Heuer ist der 17. Todestag von John Lennon … * schluchz * Wie ist es euch damals ergangen? Der Tod von Elvis war mir komplett wurscht, aber die Ermordung von John Lennon hat mich total geschockt. Und das, obwohl ich die **Beatles** ja gar nicht mehr bewußt miterlebt hatte, aber auch die 70er waren so stark Beatles-geprägt, daß auch die Spät-60er Geburtsjahrgänge total beeinflußt wurden.

‹Mandy› writes:

Ich bin immer noch ganz fertig, wenn ich dran zurückdenk – natürlich hab ich von den Beatles auch nicht viel zu ihrer Originalzeit mitbekommen, aber daß der Lennon nicht ganz unwesentlich war für viele Entwicklungen, ist mir schon gedämmert. Ich hab dann nach seinem Tod eigentlich erst so richtig begonnen, Beatles- und Lennon-Platten zu hören und bin jedesmal aufs Neue schwer beeindruckt, was die so draufhatten. 17 Jahre is des schon her …

‹Sue› writes:

Mein Papa hatte eine Beatles Platte, da waren am Cover vier Regiestühle drauf, mit den Rückenlehnen zum Betrachter, und darauf stand «Paul», «Ringo», «George» und «John». Bei John wurde an jenem denkwürdigen Tag mit Kugelschreiber ein Kreuz neben den Namen gemalt. Ich war schwer beeindruckt. Und dann kamen seine zuletzt aufgenommenen Singles raus und der Lennon-Hype begann: «Starting over» und «Woman» stürmten wochenlang die Hitparaden und noch Jahre danach kamen immer wieder neue posthume Lennon-Produktionen heraus.

‹Mandy› writes:

Ivan Rebroff – wenn ich mich nicht täusche, haben wir den Kerl, der bevorzugt in Gesellschaft von Bären seinen Baßbariton erklingen ließ, noch nicht gehabt. Meine Mutter hat sich immer setzen müssen, weil's ganz weiche Knie bekommen hat ;-)))

‹Heidrun› writes:

Ich muß mich jetzt einmal als total ahnungslos outen: ich kann mich überhaupt net erinnern, was die **Sweet** gesungen haben.

‹Uli› writes:

Na, das kann ich aber kaum glauben. Zum Beispiel «Ballroom Blitz»! Und «Fox on the run»!

‹Sue› writes:

Hitparade anno dazumal – da hätten wir einmal den 17. März 1977 mit Chartleader Smokie und «Living next door to Alice»; auf Platz zwei die Bay City Rollers mit «Yesterday Hero» und Platz drei belegten Sweet mit «Lost Angels». Weiter geht's mit dem 21. Juli 1977 und wieder den Bay City Rollers, die diesmal mit «It's a game» Platz eins belegten. Am zweiten Platz **Boney M.** mit «Ma Baker» und auf Platz drei die unsäglichen **Baccara** mit «Yes Sir, I can Boogie» * Gänsehaut *

‹Bine› writes:

Na so ein Genuß! Könnt's euch an den deutschen Scherz-Verschnitt «Yes Sir, ich kann bügeln» erinnern? Ich glaub, von **Mike Krüger**.

‹mrd› writes:

Klaus Nomi!

54: Bravo-Hitparade 1977 – mit den unsäglichen Baccara und «Yes Sir, I can Boogie»

‹a:R.› writes:

Yes. Der hat mich auch früh gepackt und lang nicht mehr losgelassen …

‹Heidrun› writes:

Hamma den Liebling aller Schwiegermütter **Rischaaaar Claydermooooo** schon gehabt?

‹mrd› writes:

Den hab ich aber auch ein bisserle gemocht. Kurz nur, aber doch =;-)

‹Uli› writes:

«Ballade pour Adeline».

‹Heidrun› writes:

Shakin' Stevens! Hat mich nie begeistert, meine Mitschülerinnen waren aber teilweise voll hysterisch ... Pfoa, das hat mich jetzt einen ganzen Tag gequält, wie der Typ geheißen hat!

‹Bine› writes:

Jaja, die grauen Zellchen ... Na, aber «Green door» woar scho nett, besonders als sie in **Okay** dann damit rausrückten, daß sich Shaky ein Klo hinter dieser grünen Tür vorstellt ... Hat mich gefreut, diese Vorstellung. Sonst geb ich dir recht, war ziemlich schmalztriefend, der Bube.

‹mrd› writes:

Ich mochte den auch nicht und hab unter einer Schüttel-Stefan-fanatischen Schwester gelitten.

‹Hermann› writes:

Alvin Stardust und **Gary Glitter**! Die wahren Helden. Yeah!!! Vor ein paar Monaten gab es eine Wiederholung der einstigen Kultsendung «Spotlight!» mit Peter Rapp. Und zwar mit Alvin Stardust! Hat «My Coo Ca Choo» gesungen, ein unvergleichlicher Klassiker der Popgeschichte!

‹neuwinger› writes:

Ihr kennt doch alle «Zweierbeziehung» vom Fendrich – zur Erinnerung: «Gestern hot mi's Glick varlossn / du liegst am Autofriedhof draußen / dabei woast du doch immer ois fia mi / i kann ma's Wana net verbeissn / wos

55: Diverse Hitsampler waren Fix-Bestandteil jedes Haushalts

woarst du fia a haßes Eisen / und übabliebn is nur a Havarie ...» Die ewige Frage dabei ist nun die: Ist die Rede von einem Auto oder von einem Motorrad?

‹Carlos› writes:

«A haßes Eisen» – das kann doch nur ein Motorrad sein!

‹neuwinger› writes:

Stimmt, andererseits gibt es die Textzeile «und wiast vua mir gstaundn bist mit deine bradn Reifen und deine Schweinsledersitz» ... Ich fürchte, es wird ein ewiges Mysterium bleiben ...

‹Sue› writes:

Wir haben als Kinder doch alle endlos Kassetten aufgenommen aus dem Radio und dann hundertmal abgespielt! «Hitpanorama» um 11 Uhr war ein heißer Tip und die «Ö 3 Hitparade» sowieso. Die mitaufgenommenen

Moderationen zwischen den Titeln konnten wir beim dritten Mal anhören schon auswendig mitsprechen :-)

‹Heidrun› writes:
Des mußt als historisches Dokument sehen! Aber an die Aggressionen, wenn ich etwas aufgenommen hab und die Gurken hat am Anfang und am Ende belangloses Zeug reingequasselt, kann ich mich noch sehr gut erinnern!

‹Sue› writes:
Ich hab meinen ersten Kassettenrecorder bekommen, da war ich noch in einem Alter, wo meine Englischkenntnisse am Niveau von «This is a door. This is a map. This is a pencil etc.» waren – was fatale Auswirkungen auf die Beschriftung der Kassettenhüllen hatte, wo ich mir die aufgenommenen Lieder vermerkt hab. Erstens mal hab ich jeden Song so getauft, wie ich es im Refrain zu hören glaubte und zweitens hab ich jedes Wort so geschrieben, wie man es ausspricht. Was hab ich gelacht, als ich eine dieser Kassettenhüllen Jahre später gefunden hab! «Teddy Teddy Kul» von «Ponyem» war noch das harmloseste ;-)))))

‹Heidrun› writes:
Ich hab mich immer geärgert über dieses dumme Lied, wo eine Frau um ihre ungeborenen Babies singt, und daß sie alles auf der Welt hatte und die ganze Welt gesehen hat, aber nie ein Baby und nie Mutter war und * sülz * und * schleim * …

‹Harald› writes:
«I've never been to me» – eines meiner absoluten Haß-Lieder (ein anderes ist «The lion sleeps tonight»)
Und zwar fand ich das früher immer so herzzerreißend, daß mir die Tränen gekommen sind. Später hab ich dann den Text verstanden, und von da an hab ich's gehaßt!!! «I've seen some things that a woman ain't supposed to

56: Wir haben als Kinder doch alle endlos Kassetten aufgenommen aus dem Radio und dann hundertmal abgespielt.

see ...» und dann greint sie die Frau im Supermarkt an, daß die froh sein soll, daß sie nie mit einem Scheich auf einer Yacht Sekt getrunken hat ... und daß das Baby in ihrem Arm das wahre Glück ist, sowie mit dem Mann am Morgen aufzuwachen, mit dem man am selben Abend wieder ins Bett steigen wird ...

* würg *

Als persönlicher Lebensweg okay, aber als Philosophie ...

‹Uli› writes:

Oder das Lied «Silvias Mother», wo ein Typ bei der Mutter seiner Exgeliebten anruft – da verstehe ich bis heute nicht, wie die Mutter heißt. Im Refrain singt er: «Please Mrs ... / I've got to talk to her ...»

‹Sue› writes:
Geht mir genauso. Das ganze Lied konnte ich mitsingen, nur diese Zeile nicht. Wenn ich mich recht erinnere, will er eine letzte Chance, mit seiner Ex zu reden, bevor die mit einem anderen zum Traualtar schreitet oder so. Und die Mutter verleugnet sie am Telefon und sagt «Silvia is happy» und «Silvia is marrying» und er bettelt und bettelt und singt ganz weinerlich …

‹Hermann› writes:
«Please Mr. Operator»? Wär doch fast ein bissi logisch?

‹Uli› writes:
Eben ned, weil er redet mit der Mutter von seiner Angebeteten und bittet immer den Operator, ihm noch ein bissl Zeit zu geben, und die Mutter sagt dauernd, daß die Tocher ka Zeit hat, und naja, der ist ziemlich deprimiert. Is aber einfach irgendein Name wie Müller oder Maier, denk ich mir …

‹Carlos› writes:
Ich hab mich vor langer Zeit entschieden, daß die Gute «Mrs. April» heißt. Für mich jedenfalls. :-)

‹neuwinger› writes:
«Hu! Ha! Dschingis Khan! He Reiter, ho Reiter, he Reiter, immer weiter …»

‹Harald› writes:
Ja, und «Ra-Ra-Rasputin» im Kreis tanzen, die ganzen sechs Minuten, bis zur völligen Erschöpfung!

‹ULLI› writes:
Udo Huber mit der «Ö 3 Hitparade» – sechs fünf sechs sieben drei eins!

‹Mandy› writes:
«Treffpunkt Studio 4» hamma noch nicht gehabt, und für mich war das schon fast ein Pflichttermin.

‹Heidrun› writes:
Ah ja, und alle diese Typen mit den Superstimmen im «Ö 3 Wecker» wie Gotthard Rieger, Dieter Dorner, Hans Leitinger, Rudi Klausnitzer …

‹Elli› writes:
Meine Großeltern hörten stets «Das Blau-Gelbe Wunschkonzert». Die Stars dort waren Peter Alexander mit «Das kleine Beisl» oder Karel Gott mit «Schön ist es auf der Welt zu sein».

‹Harald› writes:
Oder «Jo, mir san mitn Radl do» und «Schmidtchen Schleicher mit den elastischen Beinen» und «Ich steh an der Bar und ich habe kein Geld» …

‹a:R.› writes:
Puaaahhh … endlose Autofahrten nach Italien, im Autoradio **Italo Music**!!! Wie ich sie anfangs geliebt habe und nachher gehaßt … arrgl. Da gab's Unmengen an Celentano, Alice etc. Tapes … unglaublich!

‹Hene› writes:
Oliver Onions! Mit «Santa Maria»

‹neuwinger› writes:
Und Didi Hallervordens Coverversion «Punker Maria / Ich hab meine Ringe verloren / hab jetzt nur noch Löcher in den Ohren / oh oh oh oh Punker Maria …»

‹Heidrun› writes:
Und: Mir kommt vor, in allen Haushalten unserer Elterngeneration gab's die **Arik Brauer**-Platte mit dem roten Cover («Hinter meiner vurder meiner», «Da Spirituuuus» ...).

‹Harald› writes:
Ja ... und alle ham mich angschaut und gsungen «Rotschedlata, die Feiawehr kummt, steck die Hoar in Oasch!» :-(((

‹Sue› writes:
Mich hat das gemalte Cover fasziniert. Die Lieder hab ich ja überhaupt net verstanden, von wegen dem Wiener Dialekt ... und auch thematisch nicht wirklich.

‹Harald› writes:
Radiosendungen in Tageszeitchronologie: «Isometrische Übungen» mit **Ilse Buck**, «Was gibt es Neues» mit **Heinz Conrads**, der «Watschenmann», dann «Autofahrer unterwegs», Axel Cortis «Schalldämpfer» und diese Ö 3 Sonntag-Nachtsendung vor und nach «Musik zum Träumen», wo immer ein Mann und eine Frau kurze lyrisch(-erotische?) Kurzdialoge zwischen Musiknummern geführt haben. Am Schluß hieß es immer «Text von * diesem * Alfred Komarek». It's a radio life!

‹Heidrun› writes:
War das «Melodie exklusiv»? Spitzensendung mit toller Musik! Angelo Branduardi z. B., als noch niemand in Österreich eine Ahnung von ihm hatte.

«Andrea› writes:
Dschi Dschei Wischer Dschunior wurde einmal in der Früh im Radio gespielt. Hab ich immer zum Frühstück gehört, bevor ich in die Schule gegangen bin. Konnte ihn aber nicht leiden.

‹Sue› writes:
Ich dagegen hab ihn geliebt. Die scheppernde Stimme … «Liebe Kollegen!». Die rätselhafte Gestalt (drei Zahnreihen, Roller an den Füßen etc.)! Die Sprache! Statt «ich» sagte er beispielsweise «meinereiner», statt «schreiben» immer «griffeln». Seine Eltern waren die «werten Senioren» oder «Altwischer». Bei uns in der Familie hatten sich etliche Dschi-Dschei-Vokabeln etabliert. Die Mama war der Mutterwisch, wer mit dem Abwaschen dran war, war der Küchenwisch usw. «Dessertwegen» sag ich heute noch. Außerdem hab ich mir immer einen Süßholzraspler gewünscht, wie ihn die Bibi Wischin zur Jause mitgehabt hat. Oder eine Bärenschinkensemmel.

‹Heidrun› writes:
Das allseits übliche «logo» und «klaro» kam auch von Nöstlingers Dschi Dschei!

‹Carlos› writes:
Wenn der Dschi Dschei im Radio kam (so um sieben Uhr herum, oder?) mußten bei mir zuhause immer alle ganz still sein. Das war mit Abstand meine liebste Radiosendung.

‹Batesman› writes:
Bitte den genialen «ich-war-damals-zu-jung-fand's-aber-trotzdem-irgendwie-lustig-Gugelhupf» nicht zu vergessen …

‹a:R.› writes:
Jo, der war wichtig. Und das «Turnier auf der Schallaburg» …

‹Heidrun› writes:
Es gab im Radio auch täglich von 16.00 bis 17.00 Uhr amerikanischen 50er-Jahre-Schmacht-und-Schnulz in Ö 3 – zuerst hieß es «Evergreens», dann nach Erweiterung auf die 60er und später die 70er Jahre, «Evergreens und

Superhits». Übrigens dauerten damals viele Sendungen noch 55 Minuten – weil keine Werbung dazwischenfunkte.

‹Sue› writes:
«Die drei – Dean Martin, Frank Sinatra und Sammy Davis junior». Jeden Sonn- und Feiertag vormittag auf Ö 3. :-)

‹Harald› writes:
Oder Günther Schifter und seine Schellacks.

‹Silvio› writes:
Auf Wiederhörn bei der NÄCHSTEN «Technischen Rundschau»,
IHR Hugo KIRNbauer!

To: Blackbox
Subject: Die Kinder der Siebziger

Zeitgeist aus der Froschperspektive

FASERSCHMEICHLER, FÖNFRISUREN UND DIE ÖLKRISE

‹Stefan› writes:

Kann sich außer mir jemand eigentlich noch an dieses süchtig machend nach grünen Äpfeln duftende Waschmittel in den knallgrünen Kübeln erinnern? Ist derart plötzlich vom Markt verschwunden, als hätte es das nie gegeben … hm, seltsam – wieso eigentlich?

‹Heidrun› writes:

Ja! Ich erinnere mich auch. Die halbe Klasse hat plötzlich nach grünen Äpfeln geduftet.

‹thm› writes:

Meine Mutter hat dieses Waschmittel auch benutzt. Wenn man aber nicht den dazupassenden Weichspüler von **Farmers Best** verwendet hat, sondern einen anderen, hat die Wäsche nachher fürchterlich gestunken. Peinlich, peinlich!

‹Stefan› writes:

Praktisch waren ja auch die grünen Plastikkübel, die nachher gleich für andere Dinge verwendet wurden. Heutzutage sind die Waschmittel ja nur mehr in

Weichplastikhüllen oder Kartons, die zu nix als zum Verbrennen nütze sind ...

‹Heidrun› writes:

Und, noch früher, gab es diese zylindrischen **Waschmitteltonnen**! Die waren groß genug, um als Kinder reinzusteigen. Meine Eltern haben zwei tapeziert, und dort kam unser Spielzeug rein.

‹neuwinger› writes:

Jaaaajajaja! Waschmitteltonnen! Viele! Mit Lego drin! Mit viel viel viel Lego!!! Scheppernd in Steinchen wühlen!!!

‹Sue› writes:

Welches Kind hatte _keine_ Omo-Trommel als Spielzeugcontainer ... ;-) Und immer, wenn man seinen Kopf in die Tonne steckte, um nach einem «Roten Achter» zu graben, umwehte einen der Duft vom Waschpulver ... Ich hab auch noch gut die Scheuerpulver **Ata** und **Vim** in Erinnerung. Sowas gibt es ja auch nicht mehr, oder? Die Putzmittelindustrie ist ja voll auf «flüssig» umgestiegen ;-)

‹Stefan› writes:

Ata gibt's nicht mehr? Schade ... «Ata macht die Küche lebensmittelsauber / macht durch Zitrusfrische jeden Winkel sauber / Ata das ist wirklich jedem zu empfehlen / ja Ata darf in keiner Küche feeeehlen!» Ich dachte längere Zeit, Ata diene der Reinigung von Essen. Macht Lebensmittel sauber. :-)))

‹Sue› writes:

Tja, da kann ich mitsingen!

‹Heidrun› writes:

Könnt ihr euch noch an die gräßliche **Ariel**-Werbung mit der **Klementine** erinnern?

‹Carlos› writes:
Na klar. Die hatte eine rot-weiß karierte Bluse an und eine Latzhose und ein Kapperl. Ich seh sie vor mir wie heute, wie sie auf die Ariel-Trommel zeigt!

‹Hermann› writes:
Und f4, das Gardinenweiß (glaub ich), mit einem Song, der mir damals nicht aus dem Kopf ging – jetzt, wo ich ihn zitieren will, is er aber weg!

‹Carlos› writes:
«Vorhang auf für f4!»

‹Hermann› writes:
Hey, und der **Weiße Riese**! den gibt's auch nimmer! Welch ein Markensterben. Wenn das Greenpeace erfährt ;-)

‹Sue› writes:
Und als Dixan noch nicht megaperlte, war es ein ganz normales Waschpulver namens **Pro dixan**! Und **Genie zwischendurch** hat mich mit seiner Verpackung beeindruckt! Eine dunkelblaue Schachtel, etwa in der Größe einer Reisschachtel, und die Buchstaben G,E,N,I,E waren aus ausgewrungenen Wäschestücken geschrieben. Das war ein Waschpulver für die Handwäsche, die man im Waschbecken erledigte.

‹Bine› writes:
No bitte, und was ist mit Tenn und der supertollen Südseeinsel, die immer aus der Klomuschel entsprungen ist?

‹Heidrun› writes:
Und Kaloderma?

‹Carlos› writes:
Und **Creme 21**? Orange-weiße Dose.

‹Bine› writes:
Das Werbelied war doch so nett ... «Creme 21 hält die Haut jung. Lalalalala ...» Net woa?

‹Sue› writes:
Gern hatte ich als Kind diese kleinen durchsichtigen Plastikpölsterchen mit den scharfen Kanten, die mit je einer Portion grünem Haarshampoo gefüllt waren. Ebenfalls grün, mit metallischem Glanz, waren die Fenjal-Kugeln, die sich im heißen Badewasser zu Schaum aufgelöst und geduftet haben. Schön waren die, aber die haben nuuur der Mama gehört und waren für Experimente nicht zu haben ;-)

‹Bine› writes:
Jaja, kann i nur bestätigen! Obwohl meine Mama ja immer das Fenjal in diesem weibliche Kurven nachahmenden Flascherl gehabt hat. Ich hab das total gern gerochen! Selber hab ich eher in Nivea oder **Badedas** oder – eine Zeit lang – in «An-meine-Haut-lasse-ich-nur-Wasser-und-CD» gebadet. Das war billiger.

‹Sue› writes:
CD – genau! Die Seife war durchsichtig orange. Und die Fa-Seife war gelbgrün gestreift und hatte ein bissl eine Wellenform! Oder war es nur ein Wellenmuster?

‹neuwinger› writes:
Hirsch-Seife hat mich von Geburt an begleitet und tut es noch – und das Zeug ist tatsächlich seit 1970 in der gleichen Verpackung und hat noch immer denselben Geruch ... 8O)

‹Bine› writes:
Und könnt's euch noch an diese Seifenwerbung erinnern … kurze Werbebeschreibung: Frau mit Weichzeichner und Augenmaske. Seifenschaum. Schaum von einer Seite auf eine Wange. Schaum von anderer Seite auf die andere Wange. Und *abwasch*. Und JAAA! Man staune, auf derjenigen welchen Seite ist die Haut natürlich viel zarter! Runter mit der Augenbinde. Und Ooh! Aah! Es ist …??? **Lux**? (Hoff ich). Die Frau war Schauspielerin, net?

‹Sue› writes:
Senta Berger! Und entweder war es Lux oder **Camay**. Ha, und mir fällt wieder das **Frottee Deo** ein! Eine Spraydose, die doch TATSÄCHLICH mit hellblau-türkisem Frottee bezogen war! Hat mich beeindruckt. Schön war auch diese Taftflasche mit kleinem, schwarz-weißem Pepitamuster und einer roten Rose drauf.

‹ULLI› writes:
Apropos Verpackung: Schlagobers war doch auch lange Zeit in Tetrapackerln? In frühen Kindheitstagen hatte ich übrigens gar keine Vorstellung, was Schlagobers sein soll.

‹Harald› writes:
Milchsackerln!!! Ist mir brandheiß beim Lesen über Tetrapack-Schlagobers eingefallen!!! Ca. ein bis zwei Jahre lang gab es Milch in letscherten Plastiksackerln – gar kein festes Gebinde oder so, einfach wie in einer Polsterfüllung wabernd (Marke: Wasserbett für Arme). Bedruckt mit dem NÖM-Serviettenzeichen, weiß-blau. Dazu passende Hartplastik-Gießvorrichtungen (vulgo Kanne): Sackerl in die Halterung, ein Eck oben abgeschnitten, dann gießen! Sagenhaft damals die riesigen Milchlaken am Boden aller Supermärkte (und gelegentlich zuhause!) Dann kamen die eckigen Tetrapacks und aus war's mit dem Spuk … Unglaublich, aber wahr!

‹mrd› writes:
Oh ja! Also das war wirklich der Horror. Ich durfte ihn allerdings immer nur bei meiner Tante miterleben, weil dieser Trend nicht bis ins tiefste Waldviertel vorgedrungen ist =:-)

‹Bine› writes:
Ich hab irgendwie abgespeichert, daß wir die sicher länger als nur zwei Jahre gehabt haben … und an die stinkigen ausgeronnenen Sackerln, wo man jedes im Geschäft noch überprüft hat, ob es wirklich dicht ist, an die kann ich mich auch mit meiner Nase noch erinnern …

‹Sue› writes:
Ich hatte ja keine Ahnung, daß es Milchsackerln auch bei uns gab! Ich hab die in Ungarn mal gesehen und mich auch vor dem Geruch der ausgeronnenen und sauer gewordenen Milch geekelt. In der Steiermark gibt es Tetrapack, seit ich (Jahrgang 68) denken kann. Die Glasflaschen und davor die Milchkannen, die unsere Eltern und/oder Großeltern ja alle noch barfuß im Winter vom nächsten Bauernhof geholt haben, sind für mich Geschichte ;-)

‹Wolfgang› writes:
Zündholzschachterl aus Holz – gibt es die noch irgendwo?

‹Carlos› writes:
Jöö! Stimmt! Die waren nicht immer aus Karton. «Spanschachteln» hießen bei uns diese Holzdinger und es gab auch leere – runde, ovale etc – in allen Größen zu kaufen, die man bemalen konnte.

‹Silvio› writes:
Kennt ihr noch die **Riemenbindung**? Und den **Loch-Schi**?

‹Sue› writes:
Fangriemen, na klar! Hatte ich schon längst vergessen;-)

‹Bine› writes:
Mein Opa hat die Automatikbindung erfunden, da hab ich sicher ziemlich früh eine gehabt.

‹Harald› writes:
Echt? Mein Opa hat die Kokoskuppeln (mit-)erfunden;-)

‹Silvio› writes:
Kennt ihr noch das **Sparefroh**-Männchen? Der Sparefroh besuchte uns schon im Kindergarten. In Lebensgröße. Und er (eigentlich: sie) hat auch gesungen. Jedes Kind mußte ein Sparbuch (natürlich bei der Zentralsparkasse) eröffnen, dann gab es dafür eine Spardose (in drei Farben) und ein Sparefrohmännchen.

‹Mona› writes:
Den guten alten Sparefroh gibt es nicht mehr?

‹Harald› writes:
Nur im Wiener Margaretenbad wünscht er den Kindern bei der Wasserrutsche oben noch einen guten Rutsch – und mir auch;-)))

‹Elli› writes:
Zu den Prilflaschen gab es eine Zeit lang diese selbstklebenden **Prilblumen** zum Verzieren der Kacheln. Ich hab unsere Küche vollgepickt damit, sehr zur Freude meiner Mutter;-)

‹Monika Lang› writes:
Jup, die waren super, so richtig grausliche Farben … und die sind wirklich nicht runtergegangen!

‹Carlos› writes:
Gemacht für die Ewigkeit. Ich hab mir kürzlich eine Wohnung angesehen, da waren die Kacheln in der Küche _übersät_ mit Prilblumen! Eine tolle Werbeidee!

‹Sue› writes:
Ja, und ich habe mich damals schon gewundert, warum die Hersteller eine Werbeaktion machen, die den Kindern gefällt, wo doch die Mütter einkaufen. Genauso wie bei den **Faserschmeichlern** von Silan!

‹ULLI› writes:
«Wir sind die Faserschmeichler / die kleinen Faserschmeichler / wir schmeicheln und schmeicheln und schmiegen uns an / und an der Wäsche spüren Sie's dann!»

‹Carlos› writes:
Ich sehe die Faserschmeichler vor mir, als wäre es gestern gewesen … wir hatten schwarz-weiß-Fernsehen, aber ich _wußte_, daß die rosa sind. Sie schwangen sich durch die hundertfach vergrößerten Wollfasern durch und sangen im Chor.

‹Sue› writes:
Ja, und weil die Faserschmeichler so ein Erfolg waren, konnte man schließlich Plüsch-Faserschmeichler gewinnen oder bestellen! Hätt ich gern gehabt:-)

‹Hermann› writes:
Dann gab's auch noch den Schmutz-Nigel! War echt Kulti! Nur weiß i net amal mehr, zu welchem Produkt der gehört hat …

‹Uli› writes:
War der nicht vom Nilfisk Staubsauger?

‹Hermann› writes:
Der Schmutz-Nigel war eher von irgendeinem Putzmittel. Ich glaub, beim Staubsauger waren es irgendwelche Schmutz-Teuferln.

‹Sue› writes:
«Wir sind geschlaucht, wir sind geschafft!» raunzten die, wie sie im Staubsaugerschlauch verschwinden …:-)))

‹Uli› writes:
Shell hatte Kinderpässe, die Eltern wurden mit sanfter (oder stärkerer) Gewalt dazu gebracht, dort zu tanken, damit man genug Stempel zusammenkriegt. War der Paß voll, bekam man ein Geschenk.

‹Harald› writes:
«Wo ist der Campari? In der Küche ist er nicht …» usw. Und die berühmte **Humanic**-Werbung mit fallenden riesigen Baukastensteinen! Franz.

‹Sue› writes:
Und kennt ihr noch das alte Symbol von **Humanic**: Ein roter Fuß, wo eine gelbe Hand rauswächst und eine Faust, ein Victory-Zeichen etc. macht? Das gab es als Pickerl und ist _überall_ draufgepappt worden von den Kindern …

‹Nic› writes:

Strahler 70 und Stahler 80! Fällt mir auch noch ein :o))

‹Gregor› writes:

«Strahler-Küsse schmecken besser, Strahler-Küsse schmecken frisch!»

‹Heidrun› writes:

Genau! Zuerst hieß die Zahnpasta Strahler 70, dann Strahler 80 und dann haben sie die Jahreszahl überhaupt weggelassen, glaub ich. Ob sich Bill Gates das zum Vorbild genommen hat? ;-)

‹Monika› writes:

Gab's nicht auch noch Strahler 90? Im Moment ist die Erfolgsserie abgerissen, glaub ich.

‹neuwinger› writes:

Vermutlich kommt im ausgehenden Atomzeitalter der Name «Strahler» nimmer so gut ... 80)))
Außerdem waren die ja immer ein Jahrzehnt vorne, und «Strahler 00» tät sich schon verdammt blöd anhören ...

‹Georgie› writes:

Das Teekanne-Lied war mein absoluter Lieblingssong im Kindergartenalter. Hab das immer gesungen und damit die Tante genervt;-)

‹Nic› writes:

«Komm nach Haus / ruh dich aus / sieh doch alles mal ganz anders / du kommst heim / kannst dich freun / bist zufrieden / Wenn der Teekessel singt / und der Goldteefix duftet / hat man's gut / hat man's gut / ja dann hat man's wirklich gut»

‹Silvio› writes:
Ich hab das damals variiert: «Wenn der Teekessel platzt / und der Papa an der Decke pickt …» (Rest gleich)

‹Carlos› writes:
Bei mir in der Volksschule wurde das begonnen mit: «Komm nach Haus / zieh dich aus …» und dann ging der Gesang in ein haltloses Kichern über und die Mädchen sind rot geworden. Ich hab mich immer gefragt, was die daran witzig finden. Mir war ja völlig klar, daß man, wenn man nach Hause kommt, logischerweise seinen Mantel und seine Schuhe auszieht … ;-)

‹Nic› writes:
«Denim – und Sie haben jede Situation fest im Griff»!!! Und «Wettex, das Wischtuch von Format» (zum – hmmmm – was war das schnell? Der River-Kwai-Marsch oder so?)

‹ULLI› writes:
«Wettex, das Wischtuch von Format / Wettex ist immer gleich parat / Wettex, das Tuch heißt Wettex / es reinigt besser und bleibt stets wie neu!»

‹Silvio› writes:
Und die Persil-Symphonie! Zum Mitsingen ist der Tonumfang aber zu groß. Es handelt sich um Marsch Nr. 1 in D aus «Pomp and Circumstance» von Edward Elgar.

‹Carlos› writes:
Hut zieh

‹neuwinger› writes:
Ich mag lieber den Persilmann: «Mehr können Sie für Ihre Wäsche nicht tun. Guten Abend.»

‹ULLI› writes:

Mein Bruder hat immer noch eine ganze Kassette voll alter Werbungen. Er kann auch den Joka-Bett-Text auswendig. Ich nur fragmentarisch: «Ein Joka-Bett bekam der Max / für nachts, und auch für untertags / … / hier ist ein Nachtkästchen versteckt / … / auf, zu, auf, zu – man spürt es kaum / …» Weiß jemand von euch mehr?

‹Nic› writes:

«Jetzt hat er den Clou entdeckt / da ist ein Nachtkästchen versteckt» – mehr weiß ich leider auch nicht.

‹Stefan› writes:

Um den Fall restlos aufzuklären: «Ein Joka-Bett bekam der Max / für nachts, und auch für untertags / Der feine Stoff, so schön vernäht / Ja, das ist Joka Qualität! / Und erst der große Bettzeugraum! / Auf – zu, auf – zu, man spürt es kaum / Toll! Und noch sensationeller: / der eingebaute Kopfhochsteller!! / Doch jetzt hat er den Clou entdeckt: / da ist ein Nachtkästchen versteckt! / Max weiß – eins ist im Leben wichtig: / Joka – und Sie liegen richtig!»

‹Sue› writes:

Ich war immer fasziniert von diesem Spiralfeder-Männchen mit Lachgesicht. Ich glaube, ich hatte sogar eins …

‹neuwinger› writes:

Was mir noch vor Augen ist: die rotierende, knallorange Z-Kugel von der Zentralsparkasse!

‹Batesman› writes:

Jessas! Ich will so ein Ding, verdammt nochmal!!! Biete Finderlohn ;-)

‹Mandy› writes:
Hat übrigens lange gedauert, bis ich draufgekommen bin, daß das eine Werbung war – ich glaubte nämlich immer, es handle sich um eine CA- oder Länderbank-Filiale, die gerade vom Zorro überfallen worden war :-))))

‹Carlos› writes:
Jaja, die knallorangefarbenen Siebziger. Wenn ich mich nicht täusche, war zu Kreiskys Zeiten sogar das SPÖ-Logo orange – mit einem weißen, geschwungenen Streifen ... Zuhause im Kammerl stand der orangefarbene Famulus Staubsauger ... und Wilfried sang: «Du! hast mir mein Oraaaaange! verpatzt» ... Oh, Zeitgeist.

‹Sue› writes:
Braun und Beige waren aber auch sehr angesagt – überhaupt beim Gewand. Ich sag nur: Schnürlsamthosen. Ich hatte als Dreijährige einen schicken einteiligen Hosenanzug, beiger Schnürlsamt, mit Megareißverschluß vorne, dazu eine beige-grüne Bluse mit psychedelischem Kringelmuster, todschick und aus Edelnylon :-)

‹Carlos› writes:
Mein erster Schultag: Glockenhose, dazu längsgestreifter Plastikblazer mit breitem Revers und ein Hemd mit einem Kragen, mit dem man abheben konnte ;-)))

‹Hermann› writes:
Später gab's diese **Jeans mit weißen Streifen** auf der Seite – die waren aber immer übel beleumundet ...

‹Harald› writes:
«Nur Mädchen, die nicht reifen / tragen Jeans mit Streifen!» ; –) Die scheinen einen starken Eindruck hinterlassen zu haben – obwohl die gar nicht

sooo viele Leute getragen haben und es sie nur ca. ein bis zwei Jahre tatsächlich gab ... Sehr eigen.

‹Hermann› writes:
Ist wohl nicht so sehr wegen der Hosen selbst, als vielmehr wegen der Leute, die drinstecken: Vor allem aufgedonnerte 14jährige Discoschnitterln, zum Zerkudern!

‹Bernd› writes:
Und die Hardcore-Variante dieser Hosen hatte unten noch so einen Hosenabschluß aus Stoff (wie bei Jacken), der auch weiß war. Ein Klassenkollege von mir hatte diese Hose sehr gern, weil er sie beim Radfahren immer raufschieben konnte und sie nicht wieder runter rutschte.

‹Bine› writes:
Die Hosen mit dem weißen Streifen hätt ich sooo gern gehabt! Da hat's auch noch so einen Spruch gegeben: «Willst du bei Männern was erreichen, trägst du Jeans mit weißen Streifen» oder so. Wer weiß es noch?

‹Sonne› writes:
Na na, ich glaub es hieß eher: «Willst du Prolos hau'n, mußt du nach weißen Streifen schau'n!» Oder so ;-)

‹Sue› writes:
Jetzt hab ich eine Vorstellung davon, was Hermann mit «übel beleumundet» gemeint hat ... ;-) Ich hab mir so eine Hose auch gewünscht. Die haben die Glockenhosen abgelöst und waren von oben bis unten eher eng. Irgendwie hat mir der Schnitt einfach besser gefallen, glaube ich.

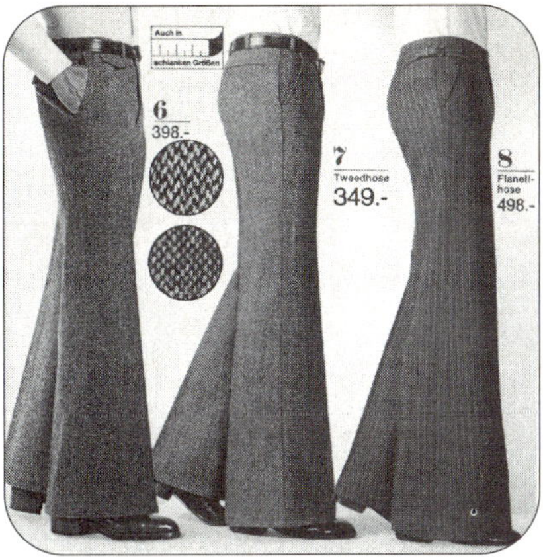

57,58: Glockenhosen, eh klar.
Von den Stiefeletten sah man nur ein kleines Stück Absatz

‹Heidrun› writes:

Und die Hosen sind alle auf den Hüften gehängt. Umgeschlagene Jeans waren auch zeitweise ganz in. Die Umschläge (heißt das so?) waren ca. 10 cm hoch.

‹Bine› writes:

Naaaaa! Des hat «Stulpen» geheißen! Kann mich noch mit großem Ekel dran erinnern … *bäh!* … Also wenn man da als Kind so im Dreck herumtobt und dann am Abend zhaus beim Ausziehen den halben Wald oder Gstättn oder Schönbrunner Kiesel oder sonstwas vor dem Bett ausleert … möcht net wissen, wieviel Kilo ich da angeschleppt hab in den Stulpen :-)))

‹Heidrun› writes:

Übrigens, mit Kuli den Namen der Lieblingsband auf die Jeans zu schreiben, war auch einmal sehr angesagt.

‹Bine› writes:

Irgendwann hab ich auch meine erste Wrangler bekommen, die unten nicht mehr so weit war. Uii, war das toll.

‹Sue› writes:

Die Hosenformen haben während unserer Kindheit/Jugend ja eine ziemliche Metamorphose durchgemacht. Als wir klein waren, bis Volksschulalter: **Glockenhosen**, eh klar. Dann kamen die gerade geschnittenen, engen **Röhrljeans**. Mit und ohne Streifen. Varianten mit seitlichen Reißverschlüssen und Nieten. Sehr bald abgelöst von der **Karottenhose**, die schenkelweit und unten eng war. Tschüß Schnürlsamt, hello karierter Flanell. Wir befinden uns mittlerweile in den Achtzigern. Die Karottenhosen gab es in allen möglichen Karos (klassisch: dunkelblau-dunkelgrünes Schottenkaro) sowie in einfärbig rosa, violett und so (aus dünnem Baumwollpopeline, für den Sommer). Dann kamen die figürlich unvorteilhaften Bundfaltenhosen! *Schauder*

‹Heidrun› writes:

Das erinnert mich an etwas: Thermohosen! Manche waren unten gezogen mit Bündchen.

‹Sue› writes:

Und viele trugen selbstgestrickte **Legwarmers** darüber … *schüttel* Heute kommt mir die Achtziger-Mode um vieles grauslicher vor als die Siebziger-Mode – dabei fand ich in den Achtzigern die Mode todschick und das taillierte Zeug aus den Siebzigern zum Kotzen. Aber das liegt am Retro-Trend. Man gewöhnt sich an vieles.

‹Bine› writes:

Ich wollt immer lieber Hosen. Meine Familie wollt dagegen, daß ich am Sonntag einen schönen Rock oder ein Kleid anzieh, und wenn ich das nicht tat, mußte ich drei Schritt hinter ihnen gehen ... hähä.

‹mrd› writes:
Ui, das kommt mir bekannt vor. Meine Mutter wollte das Problem taktisch lösen, indem sie mir **Hosenröcke** verpaßte! Was hab ich gelitten! Welcher kranke Geist hat HOSENRÖCKE erfunden?

‹Sue› writes:
Jössas, die Hosenröcke! Die hatte ich ja schon ganz vergessen: –))) Ich mochte die sehr damals. Die durften bei mir nicht zu weit sein, damit man sofort sah, das es kein normaler Rock war. Oder die **Jeans-Miniröcke**! Die haben nach dem Bauernkittel-Rüschen-Theater Anfang der Achtziger das Revival der Minis eingeleitet. Und dazu T-Shirts mit großem V-Ausschnitt am Rücken ;-)

‹Heidrun› writes:
Ach ja, und da ist eine in der Klasse vor mir gesessen, die drei Tage lang ein Eiterwimmerl am Rücken-V-Ausschnitt hatte. Tja, das sind so die prägenden Erinnerungen aus der Schulzeit :-) In den Siebzigern waren ja alle T-Shirts sehr körperbetont. Dann gab's plötzlich Riesenshirts, die man seitlich verknoten mußte.

‹Hermann› writes:
Zur gleichen Zeit kamen die **Netz-Leiberln** auf, die waren anfangs ungeheuer avantgardistisch und schick, stammten aus der New Wave Szene. Fielen dann in Ungnade und wurden nur noch von echt üblen Typen getragen. Wurden sozusagen von Goldketterl- und Schnauzbartträgern okkupiert.

‹Heidrun› writes:
Ah ja, die wurden über normalen kurzärmeligen T-Shirts getragen.

‹Sue› writes:

Besonders beliebt war die Kombination: weißes Kurzarm-Shirt plus schwarzes ärmelloses Netzleiberl darüber. Zu Beliebtheit bei den Massen verhalf den Netzleiberln glaube ich das Popduo Wham!: Die trugen ebendiese auf dem Coverfoto ihres ersten Albums.

‹Andrea› writes:

Windjacken waren auch einmal angesagt, geiles Material, war ein Statussymbol in unserer Klasse.

‹Adalbert› writes:

Waren die nicht aus einem papierähnlichem Material, das sogar geraschelt hat? Ich kann mich erinnern, daß damals irgendein großes Sportgeschäft eröffnet hat und – angeblich – solche Jacken um einen Schilling verkauft haben soll. Die halbe Klasse ist deswegen dorthin gegangen. Ich hab später eine bekommen, auf der die amerikanische Flagge ganz groß drauf war.

‹Heidrun› writes:

Ja, und die Oberfläche ist nach einiger Zeit total verschrumpelt :-))

‹Uli› writes:

Also meine Windjacke ist jetzt so ungefähr … oder noch älter, aber im Garten tut sie immer noch ihre Dienste. Schwarz mit goldenem Aufdruck: JPS – John Player Special.

‹Heidrun› writes:

Braune, bunt bestickte Pelzjacken (helles Fell innen) gab es auch. Ich glaube, die waren aus Bulgarien oder Rumänien. Hab ich gelitten, als mir die zu klein und kaputt geworden ist …

‹Carlos› writes:
Jeansgilets gab es auch. Hatte ich lange.

‹Harald› writes:
Und **NATO-Jacken**! Am besten mit «Peace»- und «Petting statt Pershing»- und «Atomkraft – nein danke!»-**Buttons** drauf :-) Und: **Moon Boots**. Furchtbar klobig und trotzdem kann ich mich an kalte Füße erinnern.

‹Heidrun› writes:
Oder NATO-Jacken kombiniert mit **Palästinensertüchern**! Wow, da hätten mich meine Eltern gesteinigt, wenn ich daran Geschmack gefunden hätte ;-) Und die ersten Sweatshirts, zu denen alle Swiiiitschörts gesagt haben. Das Allerletzte in meiner Klasse waren übrigens **Popper**. Verschärfung: mit Vespa.

‹mrd› writes:
Jaja, «Wer Popper ist und Vespa fährt ...»

‹Carlos› writes:
«... ist nicht einmal die Kugel wert». Oder: «Advent, Advent / ein Popper brennt / erst die Welle, dann das Bein / dann das ganze Popperschwein.»

‹Sue› writes:
Bestens bekannt. Immer adrett gekleidet in Benetton-Ware, damals was ganz Neues. Und dieser Haarschnitt, wo eine Riesenfönwelle ins Gesicht fällt, zwang die Popper dazu, ständig den Kopf nach hinten zu werfen. ;-)

‹Hermann› writes:
Korrektur: Das wirklich Aller-, Allerletzte waren Popper mit **College-Schuhen**, die sich einen Schilling in den frontalen Lederschlitz der Treter gesteckt hatten, weil das so wahnsinnig fesch war! Und dann über die Kärntnerstraße gezogen sind und gesungen haben: «We are, we are Snobs!»

‹**Uli**› **writes:**

Und was ist mit den **Mods**? Auch Erzfeinde haben schließlich eine Berechtigung, erwähnt zu werden ;-) Grüne Parkas mit der britischen Flagge hinten drauf habe ich ja schon lange nicht mehr gesehen ... zumindest bei den Teenies. Ich war zwar kein richtiger Mod, aber die Musik ist mir schon gelegen – The Who, Tommy ... *seufz*

‹**neuwinger**› **writes:**

Der Modfilm schlechthin war zweifellos das geniale **Quadrophenia**. Als ich so ca. fünfzehn war, war es in Wien Brauch, daß sich die Skinheads der Stadt am Donnerbrunnen versammelt und drauf gewartet haben, daß die Mods hinkommen, um sich mit ihnen zu kloppen. Wenn man dann in der Ferne den ersten gebläsegekühlten Zweitakter singen gehört hat, konnte man wahlweise einen guten Sitzplatz suchen oder laufen 80)))

‹**Heidrun**› **writes:**

Selbstgestrickte Pullover mit großen Motiven wie Häusern oder Tieren, eingenähten Fransen und irgendwelchen gestickten Elementen waren auch mal modern.

‹**Sue**› **writes:**

Und Norwegerpullover! *kratz*

Und die Blusen Anfang der Achtziger: man trug sie außen, möglichst lang und mit rundem Saum, seitlich geschlitzt, aus giftgrünem oder zyklamrosa Glanzstoff, mit einem breiten Gürtel locker über den Hüften, die Bluse ein bißchen darübergeschoppt *bäh!* Und überhaupt die Gürtel: zuerst in den Seventies diese dünnen Gürtel, die an jeder Bluse, an jedem Pulli und an jedem Strickkleid dran waren. Mutige hatten zu den Glockenhosen großgliedrige Plastik- oder Metallgürtel um die Hüfte. In den Eighties gab es dann diese **Doppelgürtel**, meist schwarz und genietet, die man sich zweimal um die Mitte geschlungen hat (Netzleiberl-Epoche), oder diese superbreiten

Stretchgürtel für die Taille, zu verschließen mit einem güldenen Ornament (zu den Bauernkitteln mit weißem Rüschen-Volant-Unterrock), oder die letscherten Stoffgürtel, gewoben oder geflochten, deren zu langes Ende man herunterhängen ließ (in der Karottenhosen-Ära, glaub ich!) ... es gab alle möglichen Arten, nur keine ganz normalen Gürtel, die man in Gürtelschlaufen einfädelte.

‹Heidrun› writes:
In den früheren Siebzigern gab es glockig geschnittene, schräg karierte Röcke, die eine unheimlich schlechte Figur gemacht haben ...

‹Silvio› writes:
Baby Doll – davon habe ich ca. 1975 in der Bedeutung von «durchsichtiges Nachthemd» gehört, aber ich hab das nie gesehen.

‹Andy› writes:
Das ist ein kurzes Hemdchen, meist vorne offen, und ein Höschen dazu, beides eher durchsichtig, mit Spitzen und Rüschen, und waren meist schweinchenrosa oder himmelblau. Ich finde, daß es eher dämlich ausschaut.

‹Sue› writes:
Ich glaube, das ist in den Sechzigern modern geworden, als all diese textilen Kunstfasern erfunden wurden. Bügel- und knitterfreie Blusen, Röcke, Kleider, Hosen etc. waren _die_ Revolution und noch in den Siebzigern waren Kunstfasern hochaktuell. Man denke nur an die topmodischen **Trainingsanzüge** mit Reißverschluß, zum Beispiel von Adidas (hatte ich – in spinatgrün – gelb) – eine Novität damals.

‹Elli› writes:
«Very seventies» waren auch: **Ponchos** mit Fransen, taillenkurze, **fledermausärmelige** Pullis mit hohem Strickbündchen, Stiefel und **Stiefeletten**

mit dünnen, hohen Stöckeln (Stiefeletten unter Jeans, man sah nur ein kleines Stück vom Absatz – Stiefel unter wadenlangen Röcken, man sah kein Bein), für die Kinder bunte **Clarks** aus Rauhleder, Stufenröcke, weiße Blusen, die um den schlitzförmigen Ausschnitt folkloremäßig bestickt waren und rückenfreie T-Shirts, die frau sich um den Nacken und um die Taille gewickelt hat. Dann, gegen Ende der Siebziger, Anfang der Achtziger: Stöckelsandalen und Stöckelpantoffeln aus PVC-Holz, kombiniert mit gelochtem Leder, Bolero-Jäckchen, ärmellose Blusen, die an der Schulternaht mit Bändchen gerafft wurden sowie Pullover mit **Riesen-Rollkragen**, der bis zur Brust runterhing. Sehr angesagt waren etwas später auch Sweatshirts in grau-melé mit «Fruit-of-the-Loom»-Logo oder «University of…»-Aufdruck.

‹Bine› writes:
Ich hab von meiner Mama eine Badehaube gehabt, die war lindgrün und hat lauter gleichfarbige Röschen aus einem tüllartigen Stoff drauf gehabt – iiiiih!

‹Sue› writes:
Damals war ja noch **Badehaubenpflicht**! Die Frauen hatten so gerüschte Ungetüme auf und die Männer schwarze, knappe Gummimützen mit einem weißen Mittelstreifen. Unangenehm waren die Badehauben – gehört hat man nix und deppert ausgschaut haben's obendrein.

‹Hermann› writes:
Naja, ich war Jaaaahre lang nicht mehr im Hallenbad, schon weil das Wasser so kalt ist. Vor einigen Jahren hatte ich dann einmal mitten im Winter unheimliche Lust auf Schwimmen verspürt. Ich grabe meine Uralt-Badehaube aus, ein besonders schickes Modell – knallgelb, mit mäandernden Abnähern, enganliegend – und erscheine am Pool vom Amalienbad. Was soll ich sagen? Ein Lacherfolg erster Klasse. Woher sollte ich denn wissen, daß es kein Badehaubengebot mehr gibt? Jössas, war des peinlich. Beinah ein Trauma.

‹a:R› writes:
Diese **Flöhe** aus Holz hat man tonnenweise sinnlosest gesammelt … oder war das später? Ich hab die immer auf die Schultasche gepappt.

‹Sue› writes:
Ja, die mußte man unbedingt haben! Das muß so 1979 oder 1980 gewesen sein. In meiner Schule trug man die auf eine Sicherheitsnadel gefädelt wie eine Brosche am Pullover. Das fällt modemäßig in die dunkelblau-weinrote-Collegeschuhe-Faltenrock-Burlingtonsocken-Lambswoolpullover-Ära. Bei uns hieß es, soviele Flöhe man trüge, soviele Verehrer hätte man. Könnt's euch vorstellen, wie sich jene pickelgesichtige Mädels blamiert haben, die sich im zarten Alter von zwölf Jahren acht oder mehr Flohpüppchen auf die Sicherheitsnadel quetschten … *prust*

‹Maus› writes:
Flöhe … Schnuller … Dosendeckel an Schnüren … Kapsreiterverschlüsse als Schlüsselanhänger … elendsviele Lederbandeln ums Handgelenk … *seufz* … die frühen Achtziger waren schon genial ;-)

‹Stefan› writes:
Mit den Dosenverschlüssen haben wir Buben immer geschossen, die waren ja prädestiniert dafür und flogen urweit. Die heutigen kriegst ja von der Dose gar nimmer runter …

‹Carlos› writes:
Rasierklingen am Silberketterl! Ohrringerl, die an kurzen Kettchen herunter hingen! Und eine Zeit lang trug die Damenwelt bei uns in der Schule bedruckte Schuhbänder (mit Smileys und Sternchen und so drauf) als Stirnband oder ums Handgelenk.

59: Pelzhauben mit hochklappbaren Ohrenschützern und Bandln, die oben zusammengeschnürt wurden.

‹Sue› writes:

Ich hab immer Tick, Trick und Track bewundert – wegen der felligen **Ohrenschützer**, die sie in den strengen Entenhausner Wintern tragen. Dann gab es die wirklich! Muß so 1980 gewesen sein. Nur kurze Zeit. In weinrot und dunkelblau. Aus Polyesterplüsch, mit einem Plastikbügel verbunden. Sah blöd aus, war ungemütlich und wärmte nicht wirklich – aber ich war SELIG! Weinrot waren die meinigen übrigens ;-)

‹Bine› writes:

Neeeiiin, das stimmt net! Die waren urwarm! I hab's no! Meine sind dunkelblau, aber ich werd die _bestimmt_ nicht aufsetzen, wenn wir uns näxtes Mal treffen. Ka Schauns.

‹mrd› writes:

Also, meine gelben wärmten gut :-)

‹Nic› writes:
Sah super aus, war viel gemütlicher als die deppaten Hauben, bei denen immer meine Kopfhaut wie wahnsinnig zu jucken begonnen hat, und wärmten total okay ;o))

‹Sue› writes:
Also bei den Hauben geb ich dir absolut recht! Hauben sind das Allerletzte und kommen in der Rangliste der Unerträglichkeiten noch weit vor abgefrorenen Ohren. Allerdings hatte ich – jetzt wieder Sprung in die ganz frühen Siebziger – eine fantastische weiße Synthetikfellhaube (genäht, nicht gestrickt), mit extrabreiten Bändern aus demselben Stoff, die man unter dem Kinn zuband. Ich sah aus wie eine Astronautin. Da war ich ungefähr drei und das ist auch schon wieder die letzte Haube, die eine Chance bei mir hatte.

‹Heidrun› writes:
Hahnenkammförmige Schihauben! Und weil ich heute wieder jemanden damit gesehen habe: **Pelzhauben** mit hochklappbaren Ohrenschützern und Bandln, die oben zusammengebunden wurden. Mein Vater hat auch sowas besessen. Schaut heute unheimlich witzig aus.

‹Harald› writes:
Eine **Perücke** hatte damals, als wir noch ziemlich klein waren, auch fast jede Frau («Pepi» genannt)! Was ich nie kapiert habe: wieso meine Mutter mit ihren kurzen blonden Haaren eine Perücke mit kurzen blonden Haaren getragen hat!

‹Mona› writes:
Meine Mama hat ihre Frisur immer mit künstlichen **Haarteilen** aufgepeppt!

60

‹Uli› writes:

Meine auch, damit die Haare nach mehr ausschauen – weißt eh, die 70er Jahre Frisuren …

‹Sue› writes:

Diese aufgetürmten Frisuren haben mir schon mächtig imponiert! Ich frag mich, um wieviel früher man aufstehen mußte, um sich so aufzubrezeln (daher wahrscheinlich die Perücken!). Ich wollt als kleines Mäderl ja immer diese 40er Jahre Stoppellocken wie aus den alten Sissi-Filmen haben …

‹Nic› writes:

Auch in den Siebziger Jahren gewesen: Lange Haare naßmachen und zu kleinen **Bo-Derek-Zöpfchen** flechten. Erst aufmachen, wenn die Haare ganz trocken sind. Im besten Fall die Haare über Nacht geflochten lassen. Am nächsten Tag haben die Haare dann so vertikale Wellenlinien, schaut leicht gekreppt aus.

‹ULLI› writes:

Und dann noch so flechten, daß sowohl am Ansatz als auch in den Spitzen nur die Spaghettilocken übrig waren …

‹Sue› writes:

Na klar, hab ich oft gemacht. Hielt bei mir maximal bis zur vierten Schulstunde. Das war die Option für alle jene, die keine **Dauerwelle** haben durften (Ende der Siebziger seeeeehr modern!). Danke, Mama, daß ich keine Dauerwelle haben durfte ;-)

‹Heidrun› writes:

Rastazöpfchen für die Mutigen, eventuell mit eingeflochtenem Band und bunten Plastikringerln. Gibt es zwar heute auch noch, aber damals war es halt ganz neu! Und: Ich kann mich an zwei Mitschülerinnen erinnern, die sich am Schikurs mit größter Hingabe stundenlang ihre Locken eingedreht, gefönt, besprüht usw. haben, nur um dann erst wieder ein Hauberl aufsetzen zu müssen.

‹mrd› writes:

Kann mich erinnern, daß diese Frisur aus dem Tanzfilm *Alzheimer, laß mich in Ruhe!*, die in etwa wie ein semmelfarbener Pudel aussah, eine Zeit lang so hip war, daß alle Frauen, die bei unserem Landfriseur rauskamen, wie besagter Pudel aussahen …

‹Dagmar› writes:

Leute freut euch *kotz speib würg*: Mit dem angekündigten 80er-Revival kommen auch die Frisuren à la **Farah Fawcett** wieder!!!!! *vor Schmerzen krümm*

‹**Carlos**› **writes:**
Revival der 80er???? Ich hab mich vom Revival der 70er ja noch gar nicht erholt!!!!!

‹**Sue**› **writes:**
Drohen uns dann etwa scharenweise den-Landfriseur-verlassende-Krystle-Doubles mit aus dem Gesicht gefönten Stufenschnitten???

61

‹**Heidrun**› **writes:**
Lieber Farah-Fawcett-Fönwelle als blondierte Dauerwelle mit Hinterkopf-Pommel à la Friseuse mit Goldketterl-Macho im Anhang …

‹**Sue**› **writes:**
Diese blondierten Reindl-Schnitte mit Dauerwelle, inklusive bis in die Augen hängende dauergewellte Stirnfransen, waren ja extrem verbreitet. Sah besonders gut aus, wenn die Dauerwelle sich auswuchs und der dunkle Haarboden glatt nachwuchs …

‹**Harald**› **writes:**
Trockenhauben – auch Heimmodelle!

‹**Carlos**› **writes:**
Jaja, hatte meine Mutter auch. Eigentlich war es mehr eine aufblasbare Trockenhaube, die man an den Fön ansteckte, und die sich mit der warmen Luft aufblies. Herrlich zum Spielen ;-)

‹Heidrun› writes:
Was heute wahrscheinlich zu jeder Kindheit gehört, damals aber neu war: Ich hatte eine **Zahnregulierung**. Die mußte ich nur über Nacht reingeben, so eine rosa Gaumenplatte mit ein paar Drähten dran. Wenn sie vom Zahnarzt nachgezogen worden war, hab ich sie mir im Schlaf oft heraus getan und am nächsten Morgen in den Haaren oder sonstwo wiedergefunden. Ich kann mich noch genau an das Gefühl von dem Ding erinnern, so ein leichter Druck gegen den Gaumen und ein Ziehen im Oberkiefer :-) Arm dran waren ja die mit der Knopferlregulierung und dem Headgear...

‹Silvio› writes:
Ja genau, ich auch. Hat den Figmatifmuf (F-Fehler) befeitigt, aber den Rückbiff nur teilweife.

‹ULLI› writes:
Ich hatte eine für oben und unten zugleich, ich habe sie aber selber weiterdrehen müssen.

‹Sue› writes:
Mich wundert, daß noch niemand die tolle Wohnmode der siebziger Jahre erwähnt hat!

‹Thomas› writes:
Anfang der Siebziger war bei den Tapeten anscheinend der Streifen-Look in. Die Tapeten in unserem Wohnzimmer sahen aus wie ein Pyjama: hellbeige-dunkelbraun gestreift. Igitt!

‹Heidrun› writes:
Ja, die psychedelischen Tapeten, vorzugsweise braun-orange mit Wellenlinien, die waren super :-)))

62

‹Sue› writes:
Als Ornamente auch sehr beliebt: riesige Kugeln und Ringe. Oder ganz große Blumen. Weiße, langfransige **Fellteppiche**. Braune **Schnürlsamtsofas**, in denen man versank. Ganz niedrige **Rauchglas-Couchtischchen**. Betten mit eingebauten Radios und Lampen. **Fototapeten** mit Sonnenuntergang am Palmenstrand. Und all diese indezent gemusterten Dinge wurden wild kombiniert!

‹Carlos› writes:
Die Wohnzimmermöbel wurden fein säuberlich um den heiligen Schrein (den Fernseher) gruppiert. Die Fernseher selbst standen auf einem Tischchen mit einem einzelnen, silbernen Fuß. Sehr futuristisch. Das Programm war natürlich schwarz-weiß. Vom Kasperl bis zum Fußballmatch – alles grau in grau.

‹Susu› writes:
Der Schwarzweißfernseher meiner Oma war zwar riesengroß, aber irre langsam. Zuerst hat man eine Minute lang nur Ton gehört, dann kam erst das Bild dazu. Aber das eigentlich schlimme ist, daß ich bis heute nicht weiß, wie das ultimativ wichtige «knallrot» vom knallroten Autobus ausgeschaut hat.

63

‹Mandy› writes:
Fernsehen und die Siebziger! Niki Lauda ist noch im Kreis gefahren. An **Jochen Rindt** kann ich mich kaum noch erinnern. Aber da gab es noch **Clay Regazzoni**, Carlos Reutemann, James Hunt … und eine eingestürzte Reichsbrücke … und die Annemarie Moser-Pröll, die Brigitte Habersatter … und **Franz Klammer** war überhaupt der Größte, und der Werner Grissmann is immer in der Halbzeit müde geworden … **Ingemar Stenmark** fuhr Slalom … und der **Björn Borg** hat im Tennis alle paniert. Und die erste **Ölkrise**, wo's dann die Pickerln gegeben hat, daß man an einem Tag in der Woche nicht mit dem Auto fahren darf (typisch österreichisch gab's auch gleich ein Zusatzpickerl für die Ausnahmen :-)))

‹PowerFox› writes:
Hihi, mein Vati hatte so eine Ausnahme – typisch österreichisch nannte sich die «Zweitauto» ;-)

‹Harald› writes:
Wir hatten damals auch ein privates und ein Firmenauto. Die hatten verschiedene Pickerl – insofern war der **autofreie Tag** kein Problem für uns ;-)

64: Eine Kindheit ohne Niki Lauda war nicht vorstellbar

‹Carlos› writes:

Wir hatten ein Sonntags-Pickerl. Da mußten wir Sonntags immer spazierengehen. Zu Fuß!

‹Mandy› writes:

Und diese wunderbaren Bildbände, die damals noch nicht in inflationärer Anzahl am Markt waren, wie «Alle Wunder dieser Welt» …

‹Batesman› writes:

Ich war als Kind mit meinen Eltern bei der **Hainburg**-Demo und bei der **Zwentendorf**-Demo auch.

‹Nic› writes:

Ich auch. Meine Mutter hat mich auf den Schultern getragen. An die ersten Zwentendorf-Demos kann ich mich dunkel erinnern – vor allem, daß es heiß war und wir Kinder bei Tulln in einem Springbrunnen geplantscht haben. Und das Lied «Theo, spann den Wagen an» haben's umgedichtet in «Wehrt euch, leistet Widerstand / gegen das Atomkraftwerk im Land / schließt euch fest zusammen / schließt euch fest zusammen …»

‹PowerFox› writes:
Bei der Zwentendorf-Demo waren meine Eltern dabei. Und ich hatte die Schultasche mit lauter «Atomkraft – nein danke!»-Pickerl vollgeklebt.

‹Carlos» writes:
Und die Fit-mach-mit-Märsche am Nationalfeiertag! Ganze Familien sind zum Wandern angetreten und man bekam ein rotes Plastikabzeichen. Irgendwo unterwegs gab es eine Erfrischungsstation, an der Äpfel ausgeteilt wurden. Ich fand damals, das Plastikabzeichen war eine lachhafte Entschädigung für diese Anstrengung!

‹Harald› writes:
Saunas kamen auch erst in den Siebzigern in Mode … und alle taten so, als fänden sie's normal, aber fanden's eigentlich TOTAL unanständig ;-)))

‹Heidrun› writes:
Grüne VW-**Käfer** als Polizei-Autos!

‹neuwinger› writes:
… und blaßgelbe VW-Käfer mit schwarzen Kotflügeln als Postautos … 80)

‹Heidrun› writes:
Sommerreisezeit in den 70ern und 80ern: «Zähflüssiger Verkehr auf der Gastarbeiterroute bei Kalwang» und «Drei Stunden Wartezeit an den Grenzübergängen Spielfeld bei der Ausreise nach Jugoslawien». Hat sich beides ziemlich entschärft bzw. verlagert …

‹**Silvio**› **writes:**

Wieso gab es eigentlich früher Stromausfälle (insbesondere bei Gewittern oder bei den Wiener Verkehrsbetrieben), Spannungsschwankungen, Senderausfälle («Wir möchten uns bei den Hörerinnen und Hörern im Bereich des Senders xy entschuldigen ...»), Störungen beim Abspielen von Videobändern (MAZ) im Fernsehen («Wir bedauern...»), Erdbeben (Gibt's auch keine richtigen mehr hierzulande – wie hams des eigentlich gemacht?) Wieso ist die Welt auf einmal so verläßlich geworden? Wohin ist das Risiko verschwunden?

‹**Hermann**› **writes:**

Unter Windows ...

‹**Uli**› **writes:**

Rafting, Free Climbing, Canyoning, Sky Diving, Bungee Jumping :-)))))

‹**Heidrun**› **writes:**

Schlagzeilen aus den Siebzigern: Der Überfall auf die OPEC in Wien (ich kann mich noch erinnern, daß in den Nachrichten ohne Erklärung irgendein Manifest der Terroristen verlesen wurde und daß mein Vater gemeint hat, da muß was passiert sein). Die Olympischen Spiele 1972 in München. Die Fahndungsbilder der RAF in den Ämtern. Das Bild des Terroristen **Carlos**. Entführungen, z. B. die von Palmers.

‹**Hene**› **writes:**

Die **Maul- und Klauenseuche** versetzte etwa Mitte der Siebziger das Land in Aufregung. Wenn man aus der Provinz nach Wien fuhr, mußte man an der Stadtgrenze aussteigen und auf einem giftgetränkten Schaumgummi herumtreten. Solche Schaumgummimatten sind überhaupt überall herumgelegen, und man mußte ständig darauf herumtreten!

‹Silvio› writes:

Ich erinnere mich noch an die Seuchenteppiche. Sind übrigens nicht giftig – ich glaube, es ist Natronlauge. Kann jederzeit wieder auftreten.

‹Andy› writes:

Das war nicht nur, wenn man aus Wien raus- oder reinfuhr, sondern in ganz Ostösterreich waren an allen Ortsein- und Ausfahrten solche Seuchenteppiche.

‹Adalbert› writes:

Ein gewisser **Dostal** war ein Amokläufer, der einige Tage im Jahr 1970 ganz Österreich in Angst und Schrecken versetzte und dann, glaube ich, erschossen wurde. Kann sich wer erinnern?

‹Uli› writes:

Ja, da war ihm eine ganze Polizeikompanie auf den Fersen. Sie haben ihn dann in seinem Haus umstellt und erschossen.

‹Hene› writes:

So isses! Der starb im Kugelhagel.

‹Silvio› writes:

An den Namen erinnere ich mich schon. Gejagt wurde er im südlichen Wien und geschnappt im Prater, ob lebend oder tot, weiß ich nimmer. Mein Vater als Funkamateur hat sich das live im Polizeifunk gegeben – irrtümlich oder zu funktechnischen Testzwecken natürlich! War ganz unterhaltsam.

‹Hermann› writes:

Lebend! Das war doch der berühmte Fall, wo der damalige Polizeipräsident den Flüchtling mit den Worten «I bin's, dei Präsident» zur Aufgabe überredete! Eine Legende!

‹Uli› writes:
Dieser Fall war schon früher!

‹Hene› writes:
Ja, das waren zwei verschiedene Krimi-Legenden. Den Dostal haben's irgendwo in Niederösterreich umzingelt und erschossen.

‹Silvio› writes:
Ich hab übrigens bei den Fernsehnachrichten immer verstanden: «Dies sind die heutigen Schlachtzeilen». Ich hab das auch gar nicht hinterfragt, weil es gepaßt hat. Es kamen ja immer Kriegsmeldungen zu Beginn.

‹Irmi› writes:
Kindliche Verhörer sind ja super – man sollte ein Buch darüber zusammenstellen, das ist sicher witzig!
Ich hab als Kind in der Kirche ja die Hälfte nicht verstanden und mich gewundert ... habe zum Beispiel verstanden «... wird unsre selige Sund ...» statt «... wird unsre Seele gesund ...»

‹a:R› writes:
Yo, ich bin als Kind auch immer in die Kirche getrieben worden von der Oma und hab immer beim «Vater unser» verstanden: «... und vergib unserem Schuldi gern» und wußte nicht, wer der Schuldi ist :-))) Hab's erst Jahrzehnte später rausgefunden und bin aus der Kirche ausgetreten.

‹Mona› writes:
Und ich hab mich immer gewundert, warum die Armen böse sind: «...und erlöse und von den BÖSEN ARMEN»! Und beim Fußball habe ich lange Zeit gedacht, daß die Spieler eine Strafe bekommen, wenn sie «faul» am Boden liegen ...

‹Nic› writes:
Ein klassischer Verhörer ist ja auch «Owi lacht» bei «Stille Nacht, heilige Nacht». Ich möcht net wissen, wieviele Kinder sich gefragt haben, wer der Owi ist und was seine genaue Funktion im Stall war …

‹neuwinger› writes:
Ich habe festgestellt, daß ich nicht der einzige war, der lange nicht verstanden hat, was denn nun das «gingerlein» im Text vom «Hänschen klein» sein könnte. Meine werte Frau Mutter hat mir nun berichtet, daß sie mit inkriminierter Stelle zwar keine Probleme hatte, sich allerdings zeit ihrer Kindheit gefragt hat, worum es sich wohl bei einem «dabessint» handeln könnte … Tja, Hänschen klein sure is tricky 80)

‹Harald› writes:
Wenn man etwas nicht verstanden hat, hat man sich was zusammengereimt! Ich etwa bei der Titelmelodie der «Sesamstraße» (hatte ich auf Kassette): «Der die das / wer wie was / die Sodeszeit* ist um / wer nicht fragt, bleibt dumm!» *das sollte heißen: «wieso, weshalb, warum» ;-)

‹Nic› writes:
Ich hab immer gedacht, es heißt «Everybody has come for fighting» anstatt «Kung Fu fighting» …

‹Mario› writes:
Ich hätte da eine sehr poetische Zeile: «Raindrops are flowers on my head» anzubieten. Dabei hieß es viel banaler: «Raindrops are falling on my head» …

‹neuwinger› **writes:**

Im übrigen möchte ich hiermit einen meiner Lieblingsserver www.kissthis-guy.com empfehlen, dort findet sich «The archive of misheard lyrics» :-)

‹Sue› **writes:**

Was ich als Kind alles mißverstanden habe, geht auf keine Kuhhaut :-) Leider fällt mir im Moment kein Beispiel ein. Aber etwas, das mir dennoch Rätsel aufgegeben hat, war der in den Siebzigern sehr geläufige Terminus **Eiserner Vorhang**. Das wurde ganz oft erwähnt, und ich hatte eine sehr bildhafte Vorstellung davon. Beschäftigt hat mich vor allem die Frage, ob eiserne Vorhänge wohl schöne Falten werfen …

—- ENDE —-

Der Soundtrack unserer Jugend

DAS A BIS Z
DER 300 BESTEN SONGS

Die Teilnehmer der Online-Konferenz wählten in mehreren spannenden Wahlgängen 17 Popsongs, die eine bis dato fiktive Doppel-CD mit dem Titel «Der Soundtrack unserer Jugend» füllen sollten. Die einprägsamsten und erinnerungsstärksten Lieder datieren in die späten Siebziger und frühen Achtziger, wo unsere Generation zur Popmusik fand. Und das waren die Nominierungen inklusive Zwischenwertung nach der ersten Ausscheidung:

ABBA Fernando	+
ABBA Super Trouper	+
ADAM ANT Goody Two Shoes	+
ADRIANO CELENTANO Azzurro	++++
ADRIANO CELENTANO Yuppy Du	+
ALAIN BARRIERE Tu t'en vas	+++
ALEXANDER GOEBEL Einsamer Mann	+
ALPHAVILLE Big In Japan	++
ALVIN STARDUST My Coo Ca Choo	+
AMY STEWARD Knock On Wood	++
ANITA WARD Ring My Bell	+
ANTONELLO VENDITTI Bomba una bomba	+
ARIK BRAUER Köpfal im Sand	++
ARIK BRAUER Sie ham a Haus baut	+
BABSI BALOU Hochsaison im Eissalon	+

BACCARA Yes Sir, I Can Boogie	+++
BACHMAN TURNER OVERDRIVE Ain't See Nothing Yet	++
BAP Verdamp lang her	+
BARBARA GASKIN & DAVE STEWART It's My Party	+
BARBRA STREISAND Woman In Love	+++
BARRY MANILOW Can't Smile Without You	++
BARRY MANILOW Let's Hang On	+
BENATAR PAT We Belong	+
BILLY IDOL White Wedding	+
BILLY JOEL Only The Good Die Young	+
BLACK Wonderful Life	+
BLONDIE Call Me	+
BLONDIE Denis	++
BLONDIE Heart of Glass	+
BLONDIE The Tide Is High	++
BLÜMCHEN BLAU Flieger	+++
BOB MARLEY Could You Be Loved	+
BOBBY MCFERRIN Don't Worry, Be Happy	+
BONEY M. Belfast	+
BONEY M. Daddy Cool	+++
BONEY M. Ma Baker	++
BONEY M. Ra-Ra-Rasputin	++
BONEY M. Rivers Of Babylon	+
BONNIE TYLER Loving You's A Dirty Job	++
BOOMTOWN RATS I Don't Like Mondays	+++
BRIAN FERRY Jealous Guy	++
BRIAN FERRY Love Is The Drug	+
BRIAN FERRY This Is Tomorrow	+
BRONSKI BEAT Hit the Perfect Beat	+
BRUCE SPRINGSTEEN Born In The USA	+
BRYAN ADAMS Summer Of '69	+

BUCKS FIZZ Making Your Mind Up	+
BUGGLES Video Killed The Radio Star	++
CAPTAIN SENSIBLE Wot	+++
CARL DOUGLAS Kung Fu Fighting	++++
CARPENTERS A Kind of Hush	++
CARS You Might Think	+
CAT STEVENS Morning Has Broken	+
CHIC Le Freak	++
CHICAGO If You Leave Me Now	++
CHRIS DE BURGH Don't Pay the Ferryman	++
CHUZPE Love Will Tear Us Apart	++++
CINDY LAUPER Girls Just Wanna Have Fun	+
CINDY LAUPER True Colors	+
CLINT EASTWOOD & GENERAL SAINT Stop That Train	+
CROSBY, STILLS, NASH & YOUNG Teach Your Children …	+
CULTURE CLUB Do You Really Want To Hurt Me	++
D.Ö.F. Codo	+
DALIAH LAVI Wer hat mein Lied so zerstört	+
DAVID BOWIE & QUEEN Under Pressure	+
DAVID BOWIE / TINA TURNER Tonight	+
DAVID BOWIE Helden	+++++
DAVID DUNDAS Jeans On	++
DEBBIE BOONE You Light Up My Life	+
DEPECHE MODE People Are People	+
DEXYS MIDNIGHT RUNNERS Come On, Eileen	++
DIANA ROSS Upside Down	+
DIRE STRAITS Brothers In Arms	++
DOORS Alabama Song	+
DRAHDIWABERL Mulatschag	+
DURAN DURAN Wild Boys	+
EAGLES Hotel California	+

EAGLES Desperado	+
EARTHA KITT I Love My Man	+
EDDIE GRANT Electric Avenue	+
EDDIE GRANT I Don't Wanna Dance	+
ELECTRIC LIGHT ORCHESTRA Confusion	++++
ELECTRIC LIGHT ORCHESTRA Don't Bring Me Down	+++
ENNIO MORRICONE Spiel mir das Lied vom Tod	+
ERUPTION One Way Ticket	+
EURHYTHMICS Sweet Dreams	+
EVELYN THOMAS High Energy	++
F. R. DAVID Words	+
FALCO Auf der Flucht	++
FALCO Der Komissar	++
FEHLFARBEN Es geht voran	+
FICTION FACTORY Feels Like Heaven	+
FIXX Because The Night (Belongs To Lovers)	+
FLYING PICKETS Only You	++
FOREIGNER Cold As Ice	+
FOYER DES ARTS Hubschraubereinsatz	+
FRANK ZANDER Der Ururenkel von Frankenstein	+++
FRANK ZANDER Oh, Susi	+
FRANKIE GOES TO HOLLYWOOD Relax	+
FRANKIE GOES TO HOLLYWOOD The Power Of Love	++
GARRY GLITTER Come On – I'm The Leader Of The Gang	+
GARY RAFFERTY Baker Street	+++
GEIER STURZFLUG Bruttosozialprodukt	++
GEORG DANZER Die Moritat vom Frauenmörder Wurm	+
GEORGE BAKER SELECTION Una Paloma Bianca	+
GEORGE BENSON On Broadway	++
GEORGE HARRISON All Those Years Ago	+
GEORGE MICHAEL Careless Whisper	+

GILBERT BECAUD La rose	+
GIORGIO MORODER / IRENE CARA Flashdance	+
GLORIA GAYNOR I Will Survive	++
GLORIA GAYNOR I Am What I Am	++
GRANDMASTER FLASH The Message	+
GRAUZONE Eisbär	+++
HANS KRANKL Lonely	+
HANSI LANG Ich spiele Leben	+
HANSI LANG Keine Angst	++++
HANSI LANG Lauf	+
HAROLD FALTERMEYER Axel F	+
HARPO Moviestar	++
HEINRICH WALCHER Gummizwerg	++
HOT BUTTER Popcorn	++++
HOT CHOCOLATE Heaven Is In The Back Seat Of My Cadillac	++
HOT CHOCOLATE Sexy Thing	+
HOT CHOCOLATE So You Win Again	+
HOUSEMARTINS Caravan Of Love	++
HUBERT KAH Sternenhimmel	++
HUEY LEWIS AND THE NEWS I Want A New Drug	+
HUEY LEWIS AND THE NEWS The Power Of Love	+
HUMAN LEAGUE Don't You Want Me	+
ICEHOUSE Hey Little Girl	+
IDEAL Blaue Augen	+
IGGY POP The Wild One	+
IKE & TINA TURNER Nutbush City Limits	+
IKE & TINA TURNER River Deep, Mountain High	+
IMAGINATION Just An Illusion	++++
INXS Need You Tonight	+
J GEILS BAND Centerfold	+
JACKSONS State Of Shock	++

JENNIFER RUSH The Power of Love	+
JIMMY CLIFF Vietnam	+
JOAN JETT AND THE BLACKHEARTS I Love Rock'n'Roll	+++
JOE COCKER Unchain My Heart	+
JOE DOLCE If You Want To Be Happy	++
JOHN LENNON Woman	+
JOHNNY WAKELIN In Zaire	+++
KAJAGOOGOO Too Shy	+
KENNY ROGERS/DOLLY PARTON Islands In The Stream	++
KIM CARNES Bette Davis Eyes	++
KIM WILDE Cambodia	+
KINKS Don't Forget To Dance	+
KISS Lick It Up	+
KLAUS PRÜNSTER Wunderwelt	+
KRAFTWERK Model	++
LES HUMPHRIES SINGERS Mexiko	+++
LIMAHL Neverending Story	+
LINDA & THE FUNKY BOYS Shame, Shame, Shame	+
LIONEL RICHIE Dancing On The Ceiling	+
LIPPS INC. Funky Town	+++
LOBO I'd Love You To Want Me	++
LORETTA GOGGI Maledetta primavera	+
LUDWIG HIRSCH Geh spuck den Schnuller aus	+
M Pop Muzik	+
MADNESS One Step Beyond	+
MADNESS Our House	+
MALCOLM MC LAREN Buffalo Gals	+
MANFRED MANN'S EARTH BAND The Mighty Quinn	+
MANHATTAN TRANSFER Java Jive	+
MARIA BILL I mecht landen	+++
MARIANNE MENDT Die Glock'n	++

MASQUERADE Guardian Angel	+
MATT BIANCO Whose Side Are You On	+
MICHAEL JACKSON Billy Jean	+
MICHAEL ZAGER BAND Let's All Chant	+
MIDDLE OF THE ROAD Chirpy Chirpy Cheep Cheep	+++
MIKE OLDFIELD & MAGGIE REILLY Moonlight Shadow	++
MIKE OLDFIELD Tubular Bells	+
MINISEX Ich fahre mit dem Auto	+
MIRIAM MAKEBA Pata Pata	++
MISTHAUFEN Nägel beissen	+
MÜNCHNER FREIHEIT Ohne dich	+
MURRAY HEAD One Night In Bangkok	+
MUSICAL YOUTH Pass The Dutchie	++
NANCY SINATRA & LEE HAZELWOOD	
These Boots Are Made For Walking	++
NAZARETH Dream On	+
NAZARETH Love Hurts	+
NENA 99 Luftballons	+
NICK KERSHAW Wouldn't It Be Good	+
NICK STRAKER BAND A Walk In The Park	+
NINA HAGEN Was es ist	+
NO BROS Be My Friend	++
OLIVIA NEWTON JOHN Physical	+
OLIVIA NEWTON JOHN Xanadu	+++
OPUS Live Is Live	+
PARKER RAY JUN: Ghostbusters	+
PAUL MCCARTNEY/STEVIE WONDER Ebony And Ivory	+
PAUL YOUNG Love Of The Common People	+++
PENNY MCLEAN 1-2-3-4 Fire!	+
PET SHOP BOYS Suburbia	+
PETER ALEXANDER Schwarzes Gold	+

PETER SCHILLING Major Tom	+
PHIL COLLINS In The Air Tonight	+++
PHIL COLLINS Separate Lives	+
PIA ZADORA When The Rain Begins To Fall	+
PINK FLOYD Another Brick In The Wall	++
PINK FLOYD Whis You Were Here	+
POINTER SISTERS Neutron Dance	+
POLICE Every Breath You Take	+
POLICE Message In A Bottle	+
PRINCE Kiss	+
PRINCE When Doves Cry	+
PUBLIC IMAGE LIMITED This Is Not A Lovesong	+
QUARTERFLASH Harden My Heart	++
QUEEN Another One Bites The Dust	++
QUEEN Flash Gordon	++
QUEEN We Are The Champions	+
RAH BAND The Crunch	+
RAM JAM Black Betty	+++
REINHARD MEY Über den Wolken	+
REX The Children of the Revolution	+
RICHARD O'BRIAN Time Warp	++
RICHARD SANDERSON Reality	+
RIGHIERA Vamos a la playa	+
RINGO STARR Good Night Vienna	++
ROBERT PALMER Addicted To Love	++
ROBERTA FLACK Killing me softly	+
ROBIN GIBB Juliet	+
ROD STEWART Sailing	++
ROGER CHAPMAN Shadow On the Wall	+
ROLLING STONES Satisfaction	+
ROLLING STONES Undercover Of The Night	+

ROSE LAURENS Africa	++
SADE Smooth Operator	+
SAILOR Girls, Girls, Girls	++
SAM BROWN Stop	+
SANTA ESMARALDA Dont Let Me Be Misunderstood	+
SANTANA Samba Pa Ti	++
SAVAGE PROGRESS My Soul Unwraps Tonight	++
SCOTT MCKENZIE San Francisco	+
SECRET SERVICE Ten O'Clock Postman	+
SEX PISTOLS God Save The Queen	+
SHAKIN' STEVENS You Drive Me Crazy	+
SHANGRI LAS The Leader Of The Pack	+
SHOWADDYWADDY When	+
SIGUE SIGUE SPUTNIK Love Missile f1-11	+
SIOUXIE AND THE BANSHES The Passenger	++
SLADE My Oh My	+
SMOKIE Needles & Pins	+++
SOFT CELL Tainted Love	++++++
SPIDER MURPHY GANG Skandal im Sperrbezirk	+
SPLIFF Carbonara	++
STATUS QUO You're In The Army Now	++
STEPPENWOLF Born To Be Wild	++
STEVE KEKANA Raising My Family	++
STEVIE WONDER Master Blaster	+
STRANGLERS Golden Brown	++
STRAY CATS Stray Cats	++
STYX Boat On The River	++
STYX Mr. Roboto	+
SUPERMAX Love Machine	+
SUPERTRAMP Breakfast In America	+
SUPERTRAMP Logical Song	++

SURVIVOR Eye Of The Tiger	+
SUZIE QUATRO If You Can't Give Me Love	++
TALKING HEADS Psychokiller	++
TANITA TIKARAM Twist In My Sobriety	+
TEACH-IN Ding-A-Dong	+
TEENS Gimme More	++
TERRY JACKS Seasons In The Sun	+
THE BEACH BOYS Heroes and Valiants	+
THE BEE GEES Saturday Night Fever	+
THE BEE GEES Staying Alive	++
THE CLASH Sould I Stay Or Should I Go	+
THE DAMNED Eloise	+
THE KNACK My Sharona	++
THE SWEET Ballroom Blitz	+
THE SWEET Fox On The Run	+
THOM PACE Maybe	+
THOMPSON TWINS Doctor, Doctor	+
TOM PETTINGS HERTZATTACKEN Himalaya	+
TOTO Africa	+
TRIO Anna laß mich rein laß mich raus	+
TRIO Da da da	+
UDO JÜRGENS In diesem ehrenwerten Haus	+
ULTRAVOX Vienna	+++
UMBERTO TOZZI Ti amo	+++
VAN HALEN Jump	++
VILLAGE PEOPLE Y.M.C.A.	+++
VISAGE We Fade To Grey	++++++
WEATHER GIRLS It's Raining Men	++
WEIRD AL JANKOVIC Psycho Chicken	+
WHAM! Everything She Wants	+
WILFRIED Highdelbeern	+

WILFRIED Orange	++
WILFRIED Ziwuiziwui	+
WISHFUL THINKING Hiroshima	++
WORRIED MEN SCIFFLE GROUP Wannsd a Weh brauchst	+
299.10 CC I'm Not In Love	++
YES Owner Of A Lonely Heart	+++

Und das waren die Gewinner:

SOFT CELL Tainted Love
VISAGE We Fade To Gray
DAVID BOWIE Helden
CHUZPE Love Will Tear Us Apart
ELECTRIC LIGHT ORCHESTRA Confusion
ULTRAVOX Vienna
STRANGLERS Golden Brown
PHIL COLLINS In The Air Tonight
OLIVIA NEWTON JOHN Xanadu
LIPPS INC. Funky Town
KIM CARNES Bette Davis Eyes
IMAGINATION Just An Illusion
GARY RAFFERTY Baker Street
BONEY M. Daddy Cool
BLONDIE Denis
BACCARA Yes Sir, I Can Boogie
ADRIANO CELENTANO Azzurro

Ballroom Blitz!

Aus der Hüfte: 10 prototypische Songs, die das Leben bedeuteten. Damals. Und irgendwie heute auch noch.

LES HUMPHRIES SINGERS: *Mexico*
Sieht man mal von den Schlagern aus dem Kofferradio in Mutters Küche ab (z. B. Wolfgang mit «Trödler Abraham»), brachten Les Humphries und seine bunt zusammengewürfelte Hippie-Kommerz-Kasperltruppe (à la «Hair») die erste Begegnung mit Musik jenseits des Kinder- und Kirchenlieder-Horizonts. «Mexico» hatte irgendwie mit der Fußball-WM 1970 zu tun (äh, oder?), jedenfalls waren Sonne, Exotik und eine erste Ahnung von Erotik unmittelbar spürbar. Direkt in die noch unreifen Geschlechtsorgane ging das geile Preßluft-Schlagzeugsolo im Mittelteil von «Mexico».

ABBA: *Waterloo*
Der Song-Contest-Winner 1974. Man hörte den Song und wußte, das ist es. Pop Pop Pop. «My my / At Waterloo / Napoleon did surrender…» ABBA, die prototypischen Schwedenbomben, räumten einfach ab. Für Millionen waren die Vier (ich war abwechselnd in Annafrid und Agnetha verliebt) Newcomer, jene, die unter der Bettdecke die Ö3-Hitparade verfolgten, hatten aber schon Monate zuvor «Ring Ring» gesummt. Schon damals war klar: ABBA-Songs hatten eine unendlich längere Halbwertszeit als Hits von, sagen wir, Oliver Onions, den Bay City Rollers oder der Patridge Family. Weitere Meilensteine der ABBA-Historie: «Mamma Mia», «S.O.S.», «Fernando», «One Of Us». Bei akutem Nostalgieanfall unbedingt den Film «Muriels Wedding» anschauen!

SLADE: *Far Far Away*

Die erste selbstgekaufte Single. 15,- Schilling, wenn ich mich recht erinnere, in einem seltsamen Plattengeschäft auf der Hütteldorfer Straße, das wenig später von einem Blumenladen abgelöst wurde. «Far Far Away» mit seiner dringlichen Chinn / Chapman-Melodie und einem Text, der eine kosmopolitische «Ich habe schon alles gesehen»-Abgeklärtheit ins Jugendzimmer brachte. Prototypischer Glam-Rock. Da konnten nur noch The Sweet («Ballroom Blitz»), Gary Glitter («I'm The Leader Of The Gang») und – last, but not least – Suzie Quatro («48 Crash») mithalten – deren Gastspiel in der Wiener Stadthalle (1973?) war das erste Live-Pop-Konzert, das ich miterleben durfte.

SANTANA: *Samba Pa Ti*

«Santanas Greatest Hits», die LP mit der von einer schwarzen Hand gehaltenen weißen Taube vorn drauf, war fixer Bestandteil jeder prototypischen Durchschnitts-Plattenkollektion der siebziger Jahre (genauso wie Werke von Jethro Tull, Frank Zappa, mindestens eine Rolling Stones-Single – meist «Angie» – und diverse K-Tel- und Arcade-Hit-Sampler). «Samba Pa Ti», der wohl populärste Titel darauf, war auch ein Fixstarter bei jeder Schulparty – meist der Opener der ersehnten Engtanz-Slow-Section. Ständig versuchte ich Carlos Santanas Gitarrenspiel auf meiner Akustikgitarre zu imitieren – natürlich eher kläglich. Auch der Erwerb einer E-Gitarre (eine um den Monatslohn eines Ferial-Hilfspostlers erschwingliche Cimar Stratocaster), gespielt über ein altes Röhrenradio als Verstärker, half da nicht wirklich weiter.

DEEP PURPLE: *Child In Time*

Wem Uriah Heep zu kindisch waren (mir ja lange Zeit nicht), Black Sabbath zu dubios und wer nicht in Led Zeppelin («Stairway To Heaven»!) die ultimativen Rockgötter sah, der griff automatisch zu Deep Purple. Die meisten Luftgitarren-Soli jener Zeit müssen wohl zu «Smoke On The Water» inszeniert worden sein – aber mir hatte es einen Winter lang das penetrante Gekreische von Ian Gillan so angetan, daß ich auf dem Schulschikurs, präziser: auf dem Doppel-Sessellift, ständig das oberhysterische «Child In Time» intonierte. Die Boxhiebe meiner Lift-Genossen fielen weniger schmerzhaft aus als die Augenentzündung nach dem Versuch, diverse Kiss-Fratzen mit Schuhcreme nachzuempfinden.

HOT BUTTER: *Popcorn*

Bekannt aus Funk und Fernsehen. In Peter Rapps ORF-Show «Spotlight» trat irgendein seltsamer Typ auf und generierte den unwiderstehlichen Steinzeit-Minimoog-Charme dieses Instrumentals, indem er die Melodie mit dem Mund und halbkugelförmig gekrümmten, rhythmisch bewegten Handflächen zum Klingen brachte. Irgendwie bizarr und ziemlich absurd, aber Tagesgespräch. Später erkannte ich, daß «Popcorn» in punkto Sozialisation für elektronische Klänge mindestens soviel bedeutete wie Kraftwerk, Jean Michel Jarre und Rick Wakeman zusammen.

WOLFGANG AMBROS: *Zwickts Mi*

Muß ja sein. Wolfgang Ambros hat in den siebziger Jahren ein paar wirklich herausragende Platten gemacht, mit ewigen Austropop-Klassikern wie dem «Hofa», der «Blume aus dem Gemeindebau» und der Pubertäts-Hymne «Gezeichnet fürs Leben» drauf. «Zwickt's Mi», eine Idee seines Managers, war da vergleichsweise leichtgewichtig, aber lustig und stimmig (daß es in der Straßenbahn stank, war jemandem, der täglich mit dem 18er und 62er in die Schule fuhr, gewiß nicht unbekannt). Später dann verließen den Wolferl die guten Geister und er reproduzierte immer öfter – und manchmal im Duett mit Rainhard Fendrich – «Schifoan», um von der Tristesse seiner 80er-Songs abzulenken.

YES: *Close To The Edge*

Ich mußte die Platte ein dutzendmal hören, bevor sie mir auch nur ansatzweise gefiel – dafür wuchs sie mir dann umso enger ans Herz. Yes rangierten mehrere Monate lang weit vor Pink Floyd, Genesis, Gentle Giant und King Crimson. Die verblasenen Texte, die ich verbissen zu übersetzen trachtete, haben mehr für meine Englischkenntnisse getan als Neville Shute und das Vienna English Theatre. Yes waren auch die radikale Antithese zu John Travolta und den Bee Gees, den Galionsfiguren der verhaßten Discowelle.

PATTI SMITH: *Because The Night*

Lief im «Audio Center» am Judenplatz, wo man stundenlang Platten testhören konnte, eigentümlicherweise unter «Punk», aber das taten auch Devo, Talking Heads und Graham Parker. Schlagartig rückten die Platten von ELO und Manfred Manns Earthband («Solar Fire») in das weniger beachtete Eck des Plattenregals gleich neben der Philips-Anlage. Mit Patti Smith kamen Poesie und Obsession ins Spiel und eine erste Ahnung von Aufbegehren. Dabei verkörpert «Because The Night» – eigentlich eine Bruce Springsteen-Komposition – ein fast schon kitschiges, formal sehr konservatives Rock'n'Roll-Liebeslied. Patti durfte, Patti konnte.

FEHLFARBEN: *Gottseidank nicht in England*

Das war der Bruch. Die Ablösung der Pubertät durch eine frische Phase, eine nüchterne, bewußte Adoleszenz, das endgültige Ende der Siebziger und ein kräftiger Schub vorwärts in die Achtziger. Fehlfarben, deren LP «Monarchie & Alltag» mir durch die Ähnlichkeit mit einem ECM-Cover aufgefallen war und die ich im «Ton um Ton» erstanden hatte, ohne auch nur einen Ton gehört zu haben, lieferten den Soundtrack zu einer neuen Ära. Neue Deutsche Welle? Ach wo. Neue österreichische Wirklichkeit. «Und wenn die Wirklichkeit dich überholt / hast Du keine Freunde / nicht mal Alkohol». Minisex und Rosachrom und Falco kamen erst später.

Walter Gröbchen

Biene Maja, flächendeckend

Kollektive kindliche Fernseherlebnisse werden für immer ein Privileg unserer Generation bleiben.

Die Siebziger waren, in all ihrer zukunftstrunkenen, kunststoffgesättigten, orangebraungemusterten Aberwitzigkeit zweifellos ein remarkables Jahrzehnt. Doch wenn Menschen meines Alters (dreißig plusminus ein paar Zerquetschte) sich dem offenbar umgehend nach Abklingen der Pubertätsakne zum Ausbruch gelangenden Laster der sentimentalen Nostalgie hingeben und umflorten Auges auf die Siebziger zurückblicken, erwärmen wir uns natürlich nicht für afghanische Schaffelljacken, LSD-gestütztes Pink-Floyd-Hören, maoistische Splitterparteien, bierdeckelgroße, uringelbe Sonnenbrillengäser, amöbenartig wuchernde Designer-Wohnlandschaften, waffenscheinpflichtige Plateau-Böcke oder sonstige spezifische Erwachsenen- und Heranwachsenden-Errungenschaften dieses gottlob versunkenen Dezenniums, sondern, beispielsweise: für Pril-Blumen. Machen Sie, wenn Sie Jahrgang '65 bis '70 sind und jemanden etwa gleichen Baujahres kennenlernen, doch einmal den Versuch, ansatzlos den Begriff Pril-Blumen in die Konversation zu werfen. Höchstwahrscheinlich wird Ihr Gegenüber, verblüfft und entzückt, ebenfalls den Begriff «Pril-Blumen» hervorstoßen, mit lang betontem «i» und Rufzeichen dahinter. Wahrscheinlich sind auch noch die Repliken «Wahnsinn. Pril-Blumen!», «Daran hab ich ja ewig nimmer gedacht – Pril-Blumen» oder auch «Jessasna! Pril-Blumen!». Und sofort werden Sie, obwohl Sie noch keinerlei Ansichten über irgendetwas ausgetauscht haben, noch nicht mal über Pril-Blumen (Obwohl: was könnte man zu Pril-Blumen auch schon für Ansichten haben? Die pickten einfach irgendwo drauf, waren kaum jemals wieder abzulösen und entzogen sich schon damals durch ihre fraglos überflüssige Allgemeinpräsenz jeder wertenden Betrachtung) ganz stark unter dem Eindruck stehen, etwas gemeinsam zu haben.

Ein Industrieprodukt nämlich.

Wir waren so ziemlich die erste Generation, die mit flächendeckend beworbenen und flächendeckend verbreiteten Konsumgütern flächendeckend versorgt wurde. Und zwar mit so ziemlich den gleichen, so ziemlich im gesamten deutschen Sprachraum, mit so ziemlich keinen Unterschieden. (Obwohl ich ernsthaft schockiert war, als mir eine etwa gleichaltrige, aus dem Ruhrpott stammende Freundin eröffnete, daß die Ariel-Werbefernseh-Klementine bei ihnen daheim keineswegs ein ORF-Fernsehspiel-kompatibles Dienstbotenwienerisch, sondern ruhrpöttisch gesprochen hat. Vielleicht nicht ganz so schockiert, als hätte man mir eröffnet, daß meine Mutter gar nicht meine Mutter und ich ein adoptiertes Kind sei, aber so ein Gefühl, irgendwie nachträglich um ein Stück unschuldiger Kindheit betrogen worden zu sein, hatte ich schon. Meiner Freundin ging es umgekehrt genauso. Wahrscheinlich ist unsere ganze Generation ein bißchen blöde.

Unsere dominanteste kollektive Erinnerung ist natürlich das Fernsehen. Unsere Fußballfouls, Fahrradstürze und Kirschbaumköpfler haben wir alle an unterschiedlichsten Orten und unter vergleichbaren Umständen erlebt. «Wickie» aber war immer gleich und immer am selben Ort: im Fernsehen.

Und nicht nur das Kinderprogramm hinterließ Spuren im Gedächtnis! Jüngst nahm ich an einer von meinem Berufskollegen Martin Puntigam kompetent geleiteten Wiener Stadtrundfahrt des schlechten Geschmacks teil. Als eine Art Zwischenhöhepunkt wurde ein Ausschnitt aus einer historischen Peter-Alexander-Show vorgeführt, in welchem der Gastgeber mit Paul Hörbiger und Anneliese Rothenberger ein sentimentales Terzett zu Gehör brachte. Schlagartig stand ich unter einer Art kombiniertem Erinnerungs-, Erkenntnis- und Akustikschock: Nicht natürliche Neigung, noch widrige Umstände waren es, die mir eine langjährige und hartnäckige psychosomatische Sopranistinnenblockade einbrockten, sondern einzig und allein SIE, die Frau mit dem getafteten Goldhelm. Ein Ton und ich hatte wieder das altvertraute Gefühl, daß mir jemand einen geschliffenen Bleikristallaschenbecher hochkant in den Vorderschädel rammt. Möglicherweise lassen sich einige meiner Idiosynkrasien auf im Zuge frühkindlichen Rundfunkkonsums erlittene Traumata zurückführen. So scheint mir durchaus eine Kausalkette vom unverlangten Genuß zahlloser «Autofahrer unterwegs»-Sendungen zu meiner chronischen Führerscheinlosigkeit denkbar, oder daß sich in der zähen Melange aus Apathie, Ekel, Selbst- und Welthaß, die mich erfüllt, sobald mir auch nur die geringste handwerkliche Tätigkeit abverlangt wird, der lange Arm der Sendereihe «Zeichnen, malen, formen» manifestiert. Ähnliches gilt dann vermutlich für all jene, deren Kindheit in die gute, alte, öffentlich-rechtliche Zeit fiel, als das ORF-Radio- und insbesondere das TV-Programm zwar bereits selbstverständlich, aber noch so alternativlos war wie das Wetter.

Geprägt hat uns das Fernsehen allemal, speziell das Kinderfernsehen. Ich hatte vor etlichen Jahren eine Nummer in einem meiner Kabarettprogramme, die in Form einer Kasperlaufführung dargeboten wurde. Nach zwei oder drei Vorstellungen wurde ich von Zuschauern in Diskussionen über den Fernsehkasperl verwickelt, samt kritischer Bewertung der verschiedenen Puppenbühnen. Favorit war meistens die Puppenbühne Kraus (die mit dem Strolchi), Schlußlicht mit Respektabstand die Puppenbühne Rothstein (obwohl Tintifax und Eusebius allgemein als ziemlich cool empfunden wurden). Tobi und Tobias aus besagtem Hause aber wurden als dermaßen kosmisch fad und zugleich peinvoll nervtötend bewertet, daß häufig Erwachsene, mit beiden Beinen im Leben stehende Menschen unter dem Schock der wiedergefundenen Erinnerung vom hilflosen Ekel gebeutelt wurden und beidhändig Alkohol in sich hineinzuschütten begannen, um wieder die Fassung zu gewinnen. Ich neigte dann häufig zu der neurotischen Zwangshandlung, das Gespräch mit den täuschend echt imitierten Stimmen von Tobi, Tobias und Habakuk fortzusetzen, und wurde in weiterer Folge regelmäßig mit körperlicher Gewalt bedroht.

Aber auch wenn man von solchen Extrembeispielen absieht, ist es geradezu schockierend, wie viele etwa Dreißigjährige mit ansonsten völlig unterschiedlichen Biografien, Berufen und Interessen dazu in der Lage sind, aus dem Stand sämtliche Strophen der Biene Maja-Titelmelodie, sämtliche Namen von Halvars Wikingerschiffbesatzung oder sämtliche Fähigkeiten der Barbapapafamilie wiederzugeben. Unsere eigentliche, wirklich gemeinsame kulturelle Identität wurzelt nicht in Goetheschillergrillparzer, dem Rock'n'Roll-Feeling oder sonstigen mehr oder weniger frei wählbaren Hoch-, Sub- oder Jugendkulturen,

65

sondern z. B. in der Familie Petz. Bevor man aber beginnt, sich groß Gedanken darüber zu machen, was das gesamtgesellschaftlich zu bedeuten hat, sollte man sich bewußt machen, daß das Phänomen des kollektiven kindlichen Fernseherlebnisses eh schon wieder vorbei ist. Unsere Kinder wachsen bereits in einem Fernsehumfeld heran, in dem sich die diversen Sender, Animateure und Zeichentrickserien mit der besinnungslosen Unversöhnlichkeit mittelalterlicher italienischer Stadtstaaten befehden. Unsere Kinder werden sich einmal mit Müh und Not darauf einigen können, sich vage zu erinnern, daß das Viech im ORF-Programm vermutlich Confetti oder zumindest so ähnlich geheißen hat. Es wird ein Privileg unserer Generation bleiben, daß wir einander noch im Altersheim grinsend Begriffe wie «Dondrinenbaum» zuwerfen werden können, verläßlich gefolgt von der Antwort:

«Die Maus auf dem Mars. Super.» Wir werden uns aus runzligen Augenwinkeln zuschmunzeln und genau wissen, daß unser gleichaltriges Gegenüber mit acht Jahren für eine Big-Jim-Action-Figur gestorben wäre. Oder für eine Biene-Maja-Schultasche samt Biene-Maja-Federpennal und Biene-Maja-Bleistiftspitzer. Oder für ein Paar Schuhe mit Tigersohlenabdruck.

Uns bleibt für immer die Pril-Blume.

Thomas Maurer

REGISTER

Ein Generationenkompaß in Stichworten

A

B

C

D

I

J

K

L

Q

R

S

X

Y

Z

DIE AUTOREN

Susanne Pauser dankt allen Teilnehmern der Online-Konferenz, die ihre Beiträge zur Verfügung gestellt und damit dieses Buch ermöglicht haben.

Die Autoren aus der Online-Konferenz:
Harald Havas, Heidrun Kirchweger, Sabine Schweizer, Hermann Wall, Stefan Neuwinger, Nicole Kolisch, Ulrike Pfeiffer, Harald Frassine, Johannes Leuthner, Margot Dimi, Andreas Renhardt, Ulrike Drabek, Günther Fuchs, Dagmar Preinerstorfer, Manfred Schrenk, Stefan Goeller, Andrea Mühlbach, Adalbert Biscerdy, Monika Kühhas, Norman Shetler, Susanna Speckmayer, Andrea Kovar, Georg Jajus, Gerda Simlinger-Bieger, Michael Ruttner, Monika Lang, Irmi Egger, Michael Berger, Doris Feichtinger, Gregor Dietrich, Michael Exner, Monika Vana, Thomas Müller, Alfred Kührer, Bernard Piller, Bernd Mayer, Johannes Breit, Wolfgang Gurnhofer, Edi Gerstorfer, Georg Mayer, Jutta Kniely, Maria-Theresia Christa, Mario Czerny, Petra Havel, Susanne Tragner, Susanne Tomandl und Travis Lehtonen.

Kommentare:
Walter Gröbchen, Jahrgang 1962, A&R Manager bei Univeral Music, Hamburg
Thomas Maurer, Jahrgang 1967, Kabarettist, Wien

Die Herausgeber:
Susanne Pauser (Redaktion Text), Jahrgang 1968, Journalistin, Wien
Wolfgang Ritschl (Bildredaktion), Jahrgang 1963, ORF-Redakteur, Wien

BILDNACHWEIS

1: Werbung zu Dr. Oetker Eis
2: Werbung zu Bonitos, Mars Schokoladen GmbH
3: Bensdorp-Schleifen von Krafft-Jacobs-Suchard
4: Werbung zu Quartettkarten von Ferd. Piatnik & Söhne
5: Lego-Prospekt «Ideenbuch», k.J.
6: Lego-Prospekt: «Legoland Auto-Neuheiten», k.J.
7: Lego-Prospekt «Ideenbuch», k.J.
8: Quelle Katalog 1978
9: Tobi und Tobias © ORF
10: Zeichnen, malen, formen © ORF
11: Familie Petz © ORF
12: Kurier Radio und TV Magazin, Beilage zum Kurier vom 7. April 1973 © Kurier Textarchiv
13: Russischkurs © ORF
14: Werbung zu 3 Musketiers, Mars Schokoladen GmbH
15: Eistafel 1971, Eskimo-Iglo
16: Eistafel 1979, Eskimo-Iglo
17: Werbetafel von Krafft-Jacobs-Suchard, Foto von Robert Newald
18: beide: Objekte von Manner Josef & Comp AG, Fotos von Robert Newald
19: Werbung zu Sugus von Krafft-Jacobs-Suchard
20: Katalog Universal Versand 1977/78
21: Werbung zu Sunkist von Mautner-Markhof AG
22: Werbung für Sea Monkeys, Markt & Kommunikation GmbH & Co KG
23: Panini-Sammelalbum Olympia Innsbruck 1976
24: Kurier-Sammelalbum WM 1978
25: Spielwarenkatalog vedes-Mühlhauser, k.J.
26: Polistil Grand Prix-Katalog 1977

27: Klick-Klack: Leihgabe von Silvia Huber, Foto: Robert Newald
28: Spielzeugkatalog vedes-Hilpert «gutes Spielzeug»
29: Quelle Katalog 1979/80
30: Spielwarenkatalog Weber 1973
31, 32: Quelle Katalog 1978
33: Lego-Prospekt «Wir spielen mit Lego»
34: Werbung für Matador im Katalog der Wiener Firmen Mühlhauser, Pohl und Schatz «Spielzeug aus gutem Haus 1975»
35: Brevillier-Urban Schreibwarenfabrik
36: Katalog Universal Versand 1977/78
37: Henkel Austria
38: Kasperl und Tintifax © ORF
39: Barbapapa Figuren: Leihgabe von Nicole Kolisch, Foto: Robert Newald
40: Dalli, Dalli © ZDF Bildstelle
41: Boney M. in Spotlight © ORF
42: Quelle Katalog 1977/78
43: beide: Quelle Katalog 1979/80
44: Quelle Katalog 1978
45: Quelle Katalog 1976/77
46: Quelle Katalog 1978
47: Quelle Katalog 1979
48: Quelle Katalog 1979
49: Henkel Austria
50: Quelle Katalog 1979/80
51: Quelle Katalog 1976/77
52: Quelle Katalog 1979/80
53: Quelle Katalog 1978
54: Hitparade im Bravo vom 21. Juli 1977 © BRAVO 1998 Heinrich Bauer Smaragd KG/Heinrich Bauer Spezialzeitschriften-Verlag KG
55: Plattensammlung Wolfgang Ritschl
56: Katalog Universal Versand 1977/78

57: Quelle Katalog 1976/77
58: Katalog Universal Versand 1977/78
59: Quelle Katalog 1977/78
60: Quelle Katalog 1979/80
61: Quelle Katalog 1979
62: Quelle Katalog 1979/80
63: Katalog Universal Versand 1977/78
64: Polistil Grand Prix-Katalog 1977
65: Werbung für Tigerboy-Schuhe von Tuf, Schuhfabrik Ferd. Rinne AG

Die Herausgeber haben sich bemüht, alle Bildrechte einzuholen. Bei einigen Bildern konnten jedoch die Rechteinhaber nicht ausfindig gemacht werden.

Wickie, Slime und Paiper auf CD

Am Anfang stand ein geniales Buch! "Wickie, Slime und Paiper – Das Erinnerungsalbum für die Kinder der siebziger Jahre" heißt das Werk von Susanne Pauser und Wolfgang Ritschl, das nicht nur eine ganze Generation aufhorchen ließ, sondern auch die österreichischen Sachbuch-Charts wochenlang auf Nummer 1 anführte.

Die erste, gleichnamige CD erschien im Juni 1999 (Top 5 der Austria Top 40 Sampler-Charts sowie GOLD-Status seit Dezember 1999) und die ungeheuer starke Nachfrage nach einer zweiten CD hat Sony Music dazu veranlaßt, im November 1999 ein Nachfolge-Album "Volume 2" mit weiteren Highlights einer ganzen Generation zu veröffentlichen. Unter der Mithilfe von Radio Wien und Ö3 Mitarbeitern der ersten Stunde, sowie der ZIB3 Redaktion, der ORF-Ernterprise und verschiedener Plattenlabels ging die zweite CD dieser Serie exakt auf die Wünsche der Wickie, Slime und Paiper Fans ein. Musiknummern, Hörfunk- und Fernsehkennungen, berühmte "Sager" und historische & klassische Werbejingles wurden von zahlreichen Gästen eines Online-Forums (www.blackbox.net/users_corner/30jaehrige) sowie der Wickie-Hompage (www.wickie.at) eingefordert.

Volume 1 Radiokennung: Hit wähl mit – 656731 • E.L.O. – Don't Bring Me Down • RAM JAM – Black Betty • THE KNACK – My Sharona • DAVID DUNDAS – Jeans On • SAILOR – Girls, Girls, Girls • SMOKIE – Needles & Pins • TINA CHARLES – I Love To Love • GEORG DANZER – Jö schau • WOLFGANG AMBROS – Da Hofa • MIDDLE OF THE ROAD – Chirpy Chirpy Cheep Cheep • LES HUMPHRIES SINGERS – Mexico • HOT BUTTER – Popcorn • JOHNNY WAKELIN – In Zaire • CARL DOUGLAS – Kung Fu Fighting • SANTANA – Samba Pa Ti • UMBERTO TOZZI – Ti Amo • GERRY RAFFERTY – Baker Street • SILVER CONVENTION – Fly Robin Fly • Werbespot: INKU • Werbespot: HUMANIC • Radiokennung: Ö3 Wecker • FRANK ZANDER – Der Ur-Ur-Enkel von Frankenstein • Radiokennung: Dschi Dschei Wischer • Radiokennung: Hitpanorama • Radiokennung: Leute • Radiokennung: Musicbox • Radiokennung: Gedanken • Radiokennung: Musik zum Träumen • Radiokennung: Hit wähl mit – 656731 • LIPPS INC. – Funkytown • LINDA & THE FUNKY BOYS – Shame, Shame, Shame • THE TEENS – Give Me More • KIM CARNES – Bette Davis Eyes • IMAGINATION – Just An Illusion • VISAGE – Fade To Grey • ULTRAVOX – Vienna • CHUZPE – Love Will Tear Us Apart • BLONDIE – Denis • TALKING HEADS – Psychokiller (Live-Version) • THE STRANGLERS – Golden Brown • PAUL YOUNG – Love Of The Common People • NENA – 99 Luftballons • MÜNCHENER FREIHEIT – Ohne Dich • NINA HAGEN – TV Glotzer • Werbespot: JOKA • Werbespot: FASERSCHMEICHLER • TV Betthupferl – Familie Petz • ORCH. E. FRANZEN – Hey, Hey Wickie • ORCH. E. FRANZEN – Mein Onkel vom Mars • Radiokennung: Panoptikum – DAVE BRUBECK – Unsquare Dance • TV-Kennung: Zeit im Bild • ORCH. E. FRANZEN – Wer hat an der Uhr gedreht • Österr. Bundeshymne inkl. Signalton & Rauschen

Volume 2 Ö3 Pop Shop Kennung • BRYAN FERRY – Let's Stick Together • BACHMAN TURNER OVERDRIVE – You Ain't Seen Nothing Yet • E.L.O. – Confusion • BELLAMY BROTHERS – Let Your Love Flow • SMOKIE – Living Next Door To Alice • DON McLEAN – American Pie • NAZARETH – Love Hurts • THE SWEET – Fox On The Run • IKE & TINA TURNER – Nutbush City Limits • DEEP PURPLE – Smoke On The Water • PLASTIC BERTRAND – Ca plane pour moi • KC & THE SUNSHINE BAND – That's The Way • HOT CHOCOLATE – So You Win Again • BILL WITHERS – Lovely Day • BILLY SWAN – I Can Help • BACCARA – Yes Sir I Can Boogie • BINO ARICO – Mama LEONE • NICKERBOCKER – Puppe • GEORG DANZER – Schau Schatzi • WOLFGANG AMBROS – Zwickts mi • Ö3 Senderkennung • Evergreen • Musik aus dem Trichter • Ö3 Werbung – Ansage • Jamba Fi • Ohne Rauch geht's auch • Primo • Fewa • Ö3 Wecker • Fit mit Ö3 • Traummännlein • Ansage Ö3 Werbung • Tempo mit Franz Klammer • Nogger • Traubisoda kellerkalt • Der Schalldämpfer mit Axel Corti • Vocal, Instrumental, International 1 • Vocal, Instrumental, International 2 • Silvester 79/80 • Mit Ö3 ins Neujahr 1980 • STARS ON 45 – Stars On 45 • BLONDIE – Call Me • SOFT CELL – Tainted Love • P.I.L. – This is Not A Love Song • DRAHDIWABERL & FALCO – Ganz Wien • MINISEX – Du kleiner Spion • DÖF – Codo (Düse im Sauseschritt) • ANDREAS DORAU – Fred vom Jupiter • IDEAL – Blaue Augen • GRAUZONE -Eisbär • NENA – Leuchtturm • UDO LINDENBERG – Sonderzug nach Pankow • SPIDER MURPHY GANG – Skandal im Sperrbezirk • KOTTAN'S KAPELLE – Rostige Flügel • JOE DOLCE – Shaddup Your Face • F.R.DAVID – Words • KOOL & THE GANG – Cherish • GRANDMASTER FLASH – The Message • TV Ansage • Russischkurs • I werd' narrisch (Edi Finger sen.) • Die Abenteuer der Maus auf dem Mars • UDO JÜRGENS – 1000 Jahre sind ein Tag • Weißer Riese • Soletti • Iglo • Paradies der Tiere • Die Onedin Linie • Bonanza • Vandal • Ingelen • Wochenpresse • Persil TV1 • Persil TV 2 • Vera in Tritsch Tratsch

CD Volume 3 erscheint im Frühsommer 2000. "Das wird Spitze !!!!"

www.sonymusic.at www.wickie.at E-mail: willi_schlager@sonymusic.at film + tv

Katholisches Institut für Medieninformation (Hg.)
Lexikon des Internationalen Films *Das komplette Angebot in Kino, Fernsehen und auf Video*
Kassette mit 10 Bänden
(rororo sachbuch 16357)
Filmjahr 1995
(rororo sachbuch 16518)
Filmjahr 1996
(rororo sachbuch 16525)
Filmjahr 1997
(rororo sachbuch 60567)
Filmjahr 1998
(rororo sachbuch 60654)
Filmjahr 1999
(rororo sachbuch 60662)

Hans-Michael Bock (Hg.)
Lexikon Filmschauspieler International
Band 1: A – K
(rororo sachbuch 16523)
Band 2: L – Z
(rororo sachbuch 16524)

James Monaco
Film verstehen *Kunst, Technik, Sprache, Geschichte und Theorie des Films und der Medien. Mit einer Einführung in Multimedia*
(rororo sachbuch 60576)

Andy Dougan
Nahaufnahme: Martin Scorese
(rororo sachbuch 60563)

Chris Salewics
Nahaufnahme: George Lucas
(rororo sachbuch 60593)

George Perry
Nahaufnahme: Steven Spielberg
(rororo sachbuch 60564)

Ronald Bergan
Nahaufanahme: Francis Ford Coppola
(rororo sachbuch 60652)

rororo sachbuch

Harald Keller
Kultserien und ihre Stars
(rororo sachbuch 16526)

Eric Karstens / Jörg Schütte
Firma Fernsehen *Wie TV-Sender arbeiten. Alles über Politik, Recht, Organisation, Markt, Werbung, Programm und Produktion*
(rororo sachbuch 60592)

Making of ...
Wie ein Film entsteht
Band 1
(rororo sachbuch 60574)
Band 2
(rororo sachbuch 60575)

Rainer Rother (Hg.)
Sachlexikon Film
(rororo sachbuch 16515)

Peter Ettedgui
Filmkünste: Kamera
(rororo sachbuch 60661)

Weitere Informationen in der **Rowohlt Revue**, kostenlos in Ihrer Buchhandlung, und im Internet: **www.rowohlt.de**

Rockmusik und populäre Kultur

Die Story des Jazz *Vom New Orleans zum Rock Jazz*
Herausgegeben von Joachim-Ernst Berendt
(sachbuch 17121)

John Lennon
dargestellt von Alan Posener
(bildmonographien 50363)

Elvis Presley
dargestellt von Alan und Maria Posener
(bildmonographien 50495)

Barry Miles
Paul McCartney *Many years from now*
(sachbuch 60892)
«So authentisch haben die 60er lange nicht geduftet.» *Die Welt*

Ulf Poschardt
DJ Culture *Diskjockeys und Popkultur. Großformat*
(sachbuch 60227)
Dieses Buch erzählt die Geschichte der Popmusik als Geschichte des Diskjockeys – von den ersten Radio-DJs der 30er Jahre über 70er-Jahre-Disco, HipHop, House und Dancefloor bis zur *Love Parade.*

Philipp Anz / Patrick Walder (Hg.)
Techno
(sachbuch 60817)
«Die Extraportion Techno-Analyse, auf die man jahrelang warten mußte.» *Spex*

Jürgen Laarmann
The Eternal Rules of Nightlife
(rororo sachbuch 60904)
Die ewigen Regeln der Partyszene – endlich nachzulesen!

rororo sachbuch

Sarah Champion (Hg.)
Partyuniversum *Reisen in die Nacht*
(rororo 22524)
Rave on: Vor rund zehn Jahren begann der unaufhaltsame Siegeszug der Techno-Kultur – wer das Partyuniversum auch literarisch endecken möchte, sollte sich diese außergewöhnlichen Stories nicht entgehen lassen.

Bernhard Schmid
Rock 'n' Read *Slang und Songlines der Rockmusik*
(rororo sprachen 60803)
Was auch immer Sie in englischsprachigen Rocksongs nicht verstanden haben, hier erfahren Sie es.

Die 100 des Jahrhunderts: Popstars
(sachbuch 16460)

Weitere Informationen in der **Rowohlt Revue**, kostenlos in Ihrer Buchhandung, oder im **Internet:www.rororo.de**